Erste Auflage 2021
KATAPULT-Verlag Greifswald

www.katapult-verlag.de
verlag@katapult-verlag.de

Gesetzt aus: Adorn Condensed Sans, Bebas Neue Pro, Crimson
Druck und Bindung: COULEURS Print & More, Köln, gedruckt in Slowenien
Papier: Impact Natural Recyclingpapier

ISBN: 978-3-948923-27-3

Klimaneutral
Druckprodukt
ClimatePartner.com/13415-2108-1004

Benjamin Fredrich

FREDRICH RASTET AUS

Illustrationen
von Andrea Köster

KATAPULT

Für Ronja

ohne die es
KATAPULT
nicht gäbe

EINLEITUNG

»Jetzt übernimmst du dich aber, Benni!« Diesen Satz sagt meine Oma gerne. Schon immer. Damals, als ich Sport gemacht habe, und auch heute noch, wenn es um KATAPULT geht. Was meint sie damit? Die Magazingründung 2015, die Verlagsgründung 2020, die Gründung von KATAPULT MV 2021, die Journalismusschule 2022, die Dutzenden Angestellten, das Schulgebäude, das wir gekauft haben.

»Irgendwann«, da ist sich meine Oma sicher, »läuft das alles heiß.« Und ich werde mich dann übernommen haben – irgendwie. Meine Oma war die Erste, die davon überzeugt war. Sie ist aber schon lange nicht mehr alleine. Journalist:innen sagen mittlerweile das Gleiche. Der Unterschied: Sie verpacken ihre Sorge in eine Frage: »Herr Fredrich, woher kommt der Mut, dass das alles klappen wird?«

Idioten würden antworten, dass sie einfach sehr mutig sind. Ich weiche bei der Frage allerdings gerne aus und sage das einzig Mögliche: »Ich bin naiv.« Vielleicht ist die Frage auch krumm gestellt. Sie muss geändert werden. Man müsste weniger danach fragen, warum man an was glaubt. Das machen ja viele. Also glauben. Der Unterschied entsteht erst durch die Frage: »Warum gehst du das Risiko ein, zu scheitern?« Das ist die Frage! Das macht den Unterschied. An seine Ideen zu glauben, ist scheißegal, weil es sowieso alle machen. Aber Risiko, das mögen die Wenigsten. Die Gefahr, zu verlieren, als Trottel dazustehen, sich erklären zu müssen, arbeitslos zu werden, seinen Lebensstandard zu verlieren – das ist die große Unangenehme.

Wenn also meine Oma sagt, ich übernehme mich, dann denke ich: Ja sicher! Das Risiko gehe ich ein, aber niemand weiß, wann ich, wann wir alle mit KATAPULT scheitern werde. Und ich denke auch an ihren Mann, meinen Opa, der vor 40 Jahren als Schuldirektor auf eigene Faust eine Schwimmhalle auf Usedom bauen wollte, weil die Kinder von der Insel nicht schwimmen konnten, obwohl sie an der Ostsee lebten. Die Usedomer Schwimmhalle war also das Lebensprojekt meines Großvaters. Für die Insel, für die, die dort gelebt haben und trotzdem nicht schwimmen konnten. Freiwillige halfen, nach der Arbeit und am Wochenende, ohne große Geräte, einfach so, weil sie unbedingt eine Schwimmhalle haben wollten. Hat es geklappt? Kurz vor der Fertigstellung gingen der DDR die Fliesen aus. Die Wende kam und die Schwimmhalle blieb für Jahrzehnte eine Bauruine. Manche Insulaner machen sich bis heute darüber lustig: »Der Name Fredrich, den verbinde ich eigentlich nur mit der nichtentstandenen Schwimmhalle auf Usedom.« Mein Opa ist also an seinem Lebensprojekt gescheitert. Nicht nur so halb, sondern komplett! So kann man die Story erzählen.

Was bei mir aber hängen blieb, war was ganz anderes. Wirklich was total anderes. Für mich war das immer der Typ, der einfach mal eine Schwimmhalle bauen wollte, ja nicht nur bauen *wollte,*

sondern auch damit anfing. Kann man sich das vorstellen? DIE HABEN EINFACH ANGEFANGEN ZU BUDDELN! Wie genial ist das denn?! Wie größenwahnsinnig kann man sein? Wie viel Euphorie müssen die während des Bauens gehabt haben? Ich wollte immer dabei gewesen sein, obwohl ich ja schon wusste, dass es am Ende scheitern wird. Ich hätte mitgemacht und ich werde mitmachen, wenn in meiner Stadt eine Schwimmhalle gebaut wird! Und wenn es scheitert, bin ich immer noch der, der angefangen hat, eine Schwimmhalle zu bauen!

Zunächst dachte ich, dass KATAPULT mein erstes größeres schwimmhallenmäßiges Projekt war. Aber das stimmt nicht. Es ist das erste, das wirklich funktioniert hat. Vor KATAPULT habe ich vier skurrile Projekte begonnen. Manche sind erfolglos geblieben, manche sind verjährt.

Projekt 1: Mit Uhu spielen

Der Rostocker Sportladen City Sport Gohlke zieht im Jahr 2000 um. Der Besitzer Erwin Gohlke will vor dem Umzug alle seine alten Fußballschuhe loswerden. 400 Stück. Mein Vater erzählt mir davon und mir ist klar, was zu tun ist. Wie viel Geld will Erwin für die Dinger haben? 500 Mark. Das ist erst mal viel. Eigentlich ist das alles, was ich angespart habe. Aber es sind eben auch nur 2,50 Mark pro Paar. Das ist doch genial! Kurz überlegen. Wenn ich die jeweils für 20 Mark verkaufe, muss ich nur 25 loswerden, um die 500 Mark wieder reinzubekommen. Einfache Sache. Wusterhusen hat mindestens 20 Fußballspieler, Lubmin mindestens 30

und die umliegenden Dörfer bringen noch mal 20 dazu. Das sind ja fast alles meine Freunde. Die brauchen Schuhe. Die brauchen Fußballschuhe! Also schleppe ich 500 Mark zu Erwin Gohlke und im Gegenzug 200 Schuhkartons zu uns nach Wusterhusen.

Der große Nachteil: Ich habe kein Lager. Mein gesamtes Zimmer ist erst mal voller Schuhkartons. Ungemütlich. Die müssen hier irgendwann wieder raus. Ich will nicht für immer mit Schuhkartons leben. Aber total gut: Es spricht sich rum, dass der Fredrich mit Schuhkartons lebt. Deshalb kommen jeden Tag Freunde und Fußballfreunde, klingeln an unserer Haustür, werden von meinen Eltern begrüßt und laufen nach oben in meinen ominösen Schuhkartonsalon. Dort gucken sie erst mal doof rum und sich dann in Ruhe die Ledergeräte an. Es sind nicht die allerbesten Modelle, wenig Markenzeug. Nike und Adidas sind schnell weg. Die meisten sind eher von Hummel, Lotto und Uhu. Das ist nicht so gut. Die will immer keiner haben. Ein paar Leute kaufen sie trotzdem, weil sie sowieso eher zur Feuerwehr wollten und Fußball nur so nebenbei machen oder weil sie wenig Geld haben. Dann fällt mir aber noch was Geniales ein: Ich trag die schlechten Schuhe einfach selbst! Ich spiele jetzt im Training, aber auch alle Punktspiele mit Uhu! Das Gute: Ich bin einer der Besten bei Sturmvogel Lubmin und weiß, dass die Schuhe keinen Unterschied machen. Ein guter Spieler wird durch schlechte Schuhe nicht schlecht und ein schlechter wird durch gute nicht gut. Also los. Ich und die Uhus! Die Uhus und ich! Wir müssen beweisen, dass die Dinger schnell laufen und geil schießen! Was passiert?

Ich spiele sogar besser als mit meinen Adidas-Schuhen. Nicht wegen der Schuhe, sondern weil ich ja was beweisen will. So siehts aus! Das wird die beste Werbung der Welt!

Am Ende ist die Nummer einigermaßen umsonst. Denn ich merke irgendwann, dass ich nur noch ganz kleine Kinderschuhe im Angebot habe. Es ist zwar etwas egal, weil ich schon über 40 Paare verkauft habe und im Plus bin, aber was mache ich mit den restlichen 320 Schuhen? So richtig gemütlich ist mein Zimmer nämlich noch nicht geworden. Hier stehen immer noch 160 Schuhkartons rum. Lösung: Dachboden! Erst mal alles auf den Dachboden schleppen.

Nach vier Monaten merke ich, dass meine Uhu-Schuhe jetzt doch schnell ihren Geist aufgeben. Aha, das ist also der große Uhu-Nachteil. Die halten kürzer. Aber egal, die meisten, die die gekauft haben, waren Feuerwehrleute. Die spielen so selten, dass sie rausgewachsen sind, bevor der Uhu kaputtgeht. Perfekt. Es gibt keine Probleme.

Projekt 2: Strandsand für alle

Ich bin mittlerweile 14. Mein Bruder ist gestorben und mein Cousin ein Technikfreak. Er hat sogar eine eigene Internetseite gebaut, auf der er seine zwei Handys präsentiert und deren technische Leistung aufzählt. Warum, wissen wir alle nicht so genau. Aber er kann das, also macht er das auch. Sein Kumpel Gurke wurde vor einem Monat verklagt, weil er selbstgebrann-

te CDs von Jon Bon Jovi bei Ebay verkauft hat. Das fanden wir unfassbar peinlich. Wie kann man so blöd sein? Gebrannte CDs verkaufen, okay. Aber Jon Bon Jovi?! Unfassbar peinlich. Aber it's his life. Und es war irgendwie auch mutig und geil. Aber nee, so geht das nicht!

Die neue Idee meines Cousins ist dagegen viel besser. Er will bei Ebay Strandsand verkaufen. Geniale Sache! Wir sind ja nun mal am Wasser. Jeder will hierhin. Warum? Weil hier schöner Strand ist. Und unserer Meinung nach ist davon auch relativ viel vorhanden. Als geradezu übersandet empfinden wir den Strand, sodass man durchaus auch mal was an andere abgeben könnte. Das wär doch fair. Also los. Strandsand fotografiert, Ebay angeschmissen, schönen Text geschrieben, Preis überlegt, und los! »Ein Kilo Strandsand für 5,99 Euro«, steht da jetzt. Wir haben natürlich auch noch hinzugefügt, dass Karlshagen den besten und feinsten Sand der Welt hat und dass hier immer das größte Beachvolleyballturnier der Welt stattfindet. Warum gerade hier? Ihr wisst es sicher schon: Der Strandsand ist hier sehr gut! Wenn das jetzt eine Beachvolleyballerin aus Berlin kaufen würde, müsste die für ein ganzes Feld ganz schön viel bestellen und wir wären sofort reich, denken wir. Aber wir haben auch an die kleinen Einkäufer gedacht. Leute mit Aquarium und Terrarium, die brauchen ja wohl im Notfall auch immer mal ne Schippe Strandsand.

Wir spielen Age of Empires und aktualisieren zwischendurch die Ebay-Seite. Noch kein Gebot. Waren 5,99 zu teuer? Abwarten. Nach sechs Stunden Age of Empires immer noch kein Gebot, dafür aber eine erste private Mitteilung. Sie kommt von einem anderen Ebay-Nutzer: »Hallo, ich bin aus Karlshagen und wenn ihr euer Angebot nicht sofort löscht, melde ich das der Stadtverwaltung! Ihr könnt doch nicht einfach Strandsand verkaufen! Der GEHÖRT EUCH NICHT!«

Mh, was denn mit ihm los?, denken wir. Voll der Spießer. Ein Kilo Sand hin oder her. Und überhaupt, wir gucken uns erst mal an, was der sich schon so alles bei Ebay bestellt hat. Okay, einen Schlips und ein paar hässliche Lederschuhe. Das ist ein Erwachsener und ein Spießer. Wir versuchen noch mal zu argumentieren, dass der Strand in Karlshagen wirklich sehr breit sei und man so ein kleines Kilolein Sand kaum, also eigentlich gar nicht, merken würde. Das sind Peanuts für den Gesamtstrand! Daraufhin rastet der Schlipsmann komplett aus: GIBT'S JA NICHT, GEHT GAR NICHT, ANZEI...!!!!
Wir löschen unser Angebot und gehen leer aus. Niemand hat Strandsand von uns gekauft. Das Gute an der Sache ist aber, dass mein Cousin mir gezeigt hat, wie man bei Ebay ein Konto anlegt, weshalb ich das sofort mache und dort all meine restlichen Fußballschuhe anbiete. Nach zwei Monaten sind von den ursprünglich 200 Paaren nur noch 40 übrig. Nach weiteren sechs Monaten habe ich auch alle Kleinstgrößen verkauft. Alles weg. Ich hab echt 200 Paar Schuhe verkauft und damit 4.500 Scheine gemacht!

Projekt 3: Vollebeutel.de

Als die Fußballschuhe alle weg waren und der Strandsand nicht so richtig unter die Leute durfte, wie er eigentlich wollte, hab ich mit 16 eine neue Internetseite gebaut, die trotz aller Fehler funktioniert hat. Name: www.vollebeutel.de. Einnahmen: 300 Euro pro Monat. Den Titel finde ich bis heute klasse, der Inhalt war einfallsreich, aber beschissen. Auf der Seite stand groß: »Sie wollen Geld von zu Hause aus verdienen? Kein Problem.« Ich erklärte, wie Leute einfach von zu Hause aus reich werden könnten, nur dadurch, dass sie Mails beantworten würden. Hört sich verlockend an, oder? Mehrere Hundert, wenn nicht sogar Tausende Euro könne man damit nämlich am Tag verdienen. Um aber an die Info zu kommen, wie man denn nun so viel Geld verdient, muss man mir erst mal 50 Euro geben. Das haben irgendwann relativ viele Menschen gemacht. Was kam dann? Eine Antwortmail von mir, in der ich erklärte, dass sie einfach genau die gleiche Internetseite bauen sollten wie ich. Vollebeutel2 oder so! Eigene URL anmelden, eigenen Namen ausdenken, Text etwas umformulieren, fertig ist das Geschäftsmodell. Ich habe auch die besten Hostingserver und Programme empfohlen, mit denen man ohne Vorwissen eine Internetseite bauen kann. Das Ganze ist ein absolut sinnloses Schneeballsystem, bei dem absolut kein Wert entsteht. Vollebeutel.de ist die größte Scheiße, die ich je gemacht habe. Wirklich peinlich und auch irgendwie mies! Aber es lief so gut, dass ich mir sogar Anzeigen bei Google gekauft habe. Leute, die auf Jobsuche waren, landeten auf meiner Seite und gaben mir 50 Euro. Einer nach dem anderen. Eine nach der anderen. Meine mittlerweile automatisierte Antwortmail kam innerhalb von einer Sekunde zurückgeschossen. Ich brauchte also gar nichts mehr zu machen. Nach einem Jahr nahm ich mit der Seite etwa 300 Euro pro Monat ein.

Wenig später betreute ich die Seite kaum noch. Sie warf trotzdem immer wieder Geld ab. Merkwürdig. Warum klappte das? Weil ich die Not anderer ausnutzte. Wer Geld braucht, macht im Zweifel erst mal alles. Um Geld zu verdienen, geben die Leute anscheinend auch erst mal 50 Euro aus. Was für eine Ironie. Was für eine Scheiße! Das kann so nicht bleiben. Das ist nichts, womit ich später mal in Verbindung gebracht werden will. Die Seite muss weg. Ich habe vollebeutel.de nach zwei Jahren wieder gelöscht und ein Jahr später direkt eine neue Seite gebaut.

Projekt 4: Der KATAPULT-Vorläufer

Diesmal war es andersrum: Der Name war schwach und der Inhalt gut: ekritik.de. Wer nennt denn bitte schön seine Internetseite Ekritik? Elektronische Kritik wollte ich damit wohl sagen, aber das hört sich ja wohl schwer bescheuert an. Die Seite war bis 2020 noch vollständig abrufbar. Was gabs da zu sehen? Artikel. Einfach nur Artikel. Ekritik ist der Vorläufer von KATAPULT. Ich habe dort einfach all das aufgeschrieben, was mir die eine Dozentin in der Uni erzählt hat. Vorlesungen habe ich grundsätzlich zusammengefasst, einen Titel und Teaser dazugepackt, und schon war das ein Artikel. In fast allen Vorlesungen habe ich mitgeschrieben. Ich musste das tun, sonst hätte ich mich gar nicht erst in die Vorlesung gesetzt, wenn ich nicht auch was Sinnvolles draus hätte machen können. Auf der Internetseite habe ich über Google ein paar Werbeflächen vermarktet. Die Seite hat aber nicht viel abgeschmissen. Höchstens 60 Euro pro Monat. Kein Grund, nicht zu investieren. Ich habe an der Uni Flyer verteilt: »Geld für Artikel«. Zehn Leute meldeten sich, vier konnten wirklich schreiben und lieferten mir regelmäßig Artikel – über all das, was in den Vorlesungen gesagt wurde.

2019 verklagte mich dann aber ein Fotograf aus Leipzig. Er war eigentlich sogar KATAPULT-Fan, aber diese Klage, daran komme er jetzt nicht mehr vorbei. Ich hätte seit zwölf Jahren sein Bild »Mann mit Ölkanne« illegal auf ekritik.de verwendet. Das Foto gehörte zum besten Artikel auf unserer Seite: »Die europäische Industrialisierung im 19. Jahrhundert«. Der Mann mit Ölkanne war optisch wirklich ein Hingucker. Aber ich hatte keine Rechte an dem Bild und das schon seit über einem Jahrzehnt, also musste ich 1.600 Euro zahlen. Danach löschte ich die gesamte Seite, weil ich nicht wusste, wie viele Bilder ich dort noch illegal verwendete. Ekritik ist gescheitert.

Eishalle bauen

Diese vier Storys sind absolute Trottelgeschichten, wenn man es so lesen will. Und eigentlich hat KATAPULT genauso würdelos begonnen. Die ersten drei gedruckten KATAPULT-Ausgaben habe ich in meinem Studentenzimmer gelagert, weil wir sonst keinen Platz hatten und auch kein Geld, um uns Platz zu kaufen.

Das waren insgesamt 30.000 Magazine, die ich in meinem Zimmer in der Hornschuchstraße bewacht habe. Mein Zimmer verkleinerte sich dadurch von 20 auf 12 m^2 und sah in etwa so aus, als würde man 200 Schuhkartons in einem Kinderzimmer lagern. An meiner längsten Wand stapelten sich die Magazinballen bis an die Decke. Es waren irgendwann sogar eine doppelte und eine dritte Magazinmauer nötig. Sie ragten immer weiter in mein Zimmer rein. In der Mitte dieser Wand war mein Fernseher, der komplett von Magazinen umhüllt war. Den Rest habe ich unters Bett und unter den Schreibtisch geschoben. Ein Magazinpaket ist übrigens in etwa so groß wie ein Schuhkarton.

Vielleicht ist auch jede Gründung eine unwürdige Idiotengeschichte und wenn ich mir das mit meinem Opa noch mal überlege, dann muss jetzt langsam mal ein größeres Projekt her. Greifswald hat ja schon eine Schwimmhalle, aber eines hat diese kleine, schöne Stadt noch nicht – eine Eishalle. Wie viel Quadratmeter Grundstück hat KATAPULT eigentlich gekauft? 35.000. Okay!
Dieses Buch ist das Zeitdokument eines kleinen, neuen Medienhauses aus Greifswald, das sich oft gegen andere wehren musste und bei jedem Streit ein neues für zu groß befundenes Projekt gestartet hat. Das Ausrasten hat dabei eine klare Funktion. Ausrasten heißt: Risiko eingehen, auf alles scheißen, erst mal alleine weiterprobieren, Sachen per Hand machen, Papier stapeln, was Neues gründen und vor allem – souverän werden!

APRIL 2016

Editorial Heft N°1 – Perspektive wechseln

Unser Cover verwirrt Sie? – Gut. Verwirrung ist gelegentlich hilfreich. Viele Menschen verweigern sich derzeit neuen Argumenten und damit auch, die eigene politische Haltung zu überprüfen. Einige setzten sich gegen Asyl ein, andere dafür, manche für Russland, die Gegenseite für die USA. Die politische Debatte ist seit Pegida und der Ukraine-Krise wieder verstärkt in zwei Lager geteilt worden. Das Ergebnis: Jeder weiß mit 100,01 Prozent Wahrscheinlichkeit, was wahr ist. Verwirrung wird nicht akzeptiert, denn der politische Gegner könnte diese als Schwäche werten.

Wer schon heute weiß, was er morgen denkt, obwohl er gar nicht weiß, was morgen passiert – ist bereits Opfer einer Ideologie.

Die Wissenschaft arbeitet deshalb im besten Fall anders: ergebnisoffen. Das heißt, der Wissenschaftler muss jedes Ergebnis zulassen, auch wenn er es emotional oder aus privaten Gründen ablehnt. Die Erhebung einer Studie beginnt in diesem Sinne immer mit Unwissen oder Verwirrung und kann am Ende dadurch gelegentlich Klarheit schaffen. Lassen Sie sich deshalb ab und zu von dieser Vorgabe leiten und von uns verwirren. Entwirren Sie sich anschließend selbst. Vielleicht gewinnen Sie dadurch eine neue Perspektive. Das macht deutlich mehr Spaß, als Jahrzehnte im verbalen Grabenkampf zu versacken und täglich die gleichen Parolen zu rufen.

»Das ist die geilste Tabelle der Welt!«

Haben Sie das noch nie gesagt? Ich auch nicht. Das ist schade, weil sich hinter trock'nen Studien mit undurchsichtigen Tabellen oft interessante Inhalte verbergen. Wir sind davon überzeugt, dass die Ergebnisse der Wissenschaft das Zeug dazu haben, von KATAPULT in schicke Grafiken verwandelt zu werden.

***

Das allererste Editorial. Ganz nett, aber auch etwas belanglos. Ich grüße alle, die mich kennen.

Von der erste Ausgabe haben wir übrigens noch genau fünf Stück. Als es vor ein paar Jahren weniger wurden, haben wir den Preis von 5,80 Euro auf 9,80 erhöht. Ergebnis: Die Leute kauften noch viel mehr! Also dann: Noch teurer machen. 19,80. Was passierte? Die Leute kauften noch mehr. Ahhh! Okay, 1.000 Euro! Puh, es kaufen weniger. Weniger? Die kaufen das immer noch für 1.000 Euro. Das muss aufhören. Letzter Preis: 100.000 Euro derzeit bei uns im Shop, damit es wirklich niemand mehr kauft. Bis jetzt hat es geklappt.

JULI 2016

Editorial Heft N°2 – Besorgniserregende Bürger

Ich habe schon mehrere Artikel über Pegida geschrieben, aber noch nie einen Teilnehmer gesehen. Als Investigativer müsste ich doch mindestens einmal dort mitmarschiert sein und das erst recht, wenn sich diese Ausgabe von KATAPULT mit Europas neuen Rechten beschäftigt, dachte ich – gedacht, gemacht: Ankunft 18 Uhr in Dresden, der zweitschönsten Stadt Deutschlands. 4. April 2016. Am Bahnhof versammeln sich 3.000 Besorgte. Nach einer kurzen Begrüßung erteilt Lutz Bachmann den Befehl zum Spazieren, denn Pegida nennt seine Demos offiziell Spaziergänge. Ich folge. Zwischenstand nach 500 Metern: Manche haben viel Schrift auf der Kleidung und könnten eine neue Hose vertragen, andere würden in Blankenese nicht auffallen. Alles in allem sind keine Nazis in Sicht, oder geben sich nicht zu erkennen. Das sind tatsächlich »ganz normale Bürger«. Wir erreichen Kilometer eins. Am Straßenrand stehen vier Menschen, deren Hautfarbe nicht weiß ist. Jemand neben mir schreit in deren Richtung: AB-SCHIE-BEN, bereits beim zweiten Mal schreien alle anderen mit: AB-SCHIE-BEN… AB-SCHIE-BEN… Ich bin mittendrin und falle durch Unterlassen auf. Neuer Zwischenstand bei 1,1 Kilometern: Rassismus. Eventuell wurden gerade vier in Deutschland geborene deutsche Staatsbürger angebrüllt, weil sie nach Einschätzung der besorgten Masse aussahen wie Geflüchtete. Das ganze passiert noch zwei Mal, immer dann, wenn die Pegidianer glauben, einen Ausländer zu sehen. Wir laufen im Kreis und kommen wieder am Bahnhof an. Die Vorträge beginnen. Der erste Pegida-Redner macht einen Witz. Wenige verstehen ihn, vielleicht weil er halb auf Englisch ist. Seine Rede ist vorne und in der Mitte etwas zu kompliziert. Applaus gibt es nur für einfache und eindeutige Aussagen. Am Ende sagt er den Satz »Merkel muss weg!« – das funktioniert ganz gut. Die Pegidianer wiederholen mindestens fünfmal »Merkel muss weg«. Weil das so erfolgreich ist, wiederholt der Redner den Satz auch noch dreimal und die Masse antwortet jeweils fünfmal. Man könnte meinen, die ganze Sache ist deshalb nach hinten raus eintönig geworden. In Wirklichkeit war sie dazu auch noch etwas langweilig und lediglich ganz am Ende lustig, denn da sagt der Redner: »Zieht Frau Merkel die Zwangsjacke an!«, und die Masse schreit im Takt: ZWANGS-JACKE ... ZWANGS-JA-CKE ... ZWANGS-JA-CKE. Es gibt Begriffe, die eignen sich besonders gut für einen stimmungsvollen Schlachtruf. Dieser gehört nicht dazu. Wer schreit da eigentlich mit? Wer ist Pegida? Viele Alte, wenige Junge, viele Männer, wenige Frauen, manche aggressiv vorlaut, andere nicht – und alle besorgniserregend rassistisch oder mindestens tolerant gegenüber Rassisten, denn nur die ertragen die Situation mit den vier vermeintlichen Ausländern.

***

Das Cover der zweiten Ausgabe war viel zu dunkel. Richtig hässlich. Es verkaufte sich etwas schlechter als unsere erste Ausgabe. Im Innenteil hatten wir ein kleines Spiel: »Höcke oder Hitler«. Man musste bei fünf Sätzen erraten, wer es gesagt hat. Wir waren

uns nicht ganz sicher, ob die Professor:innen das zu flapsig finden würden. Als ich Professor Buchstein nach ein paar Wochen fragte, wie er das neue Heft so finde, sagte er nur: »Ich hatte drei von fünf richtig.« Danke.

Ein Landtagsabgeordneter rief damals bei uns an und wollte das Magazin kaufen. Der Titel hieß ja nur: »Die neue Rechte«, also war nicht ganz klar, ob wir nicht vielleicht pro AfD sind. Auf jeden Fall bestanden wir darauf, dass er das Heft auf Vorkasse zahlen muss. Sicher ist sicher. Denn enttäuscht wird er auf jeden Fall gewesen sein.

OKTOBER 2016

Editorial Heft N°3 – Was für ein naives Cover!

Da wurde ja wohl überhaupt nicht miteinberechnet, dass der Strom auch verteilt werden muss. Und was passiert, wenn Marokko, Algerien und deren Nachbarbarländer den Strom mal nicht weiterleiten wollen? Das ist nicht mehr als eine Theorie und deshalb total unbrauchbar, geradezu eine Milchmädchenrechnung. Oder doch nicht? Die Milchmädchen, die diese Theorie aufgestellt haben, sind nämlich die größten europäischen Energieproduzenten und Banken. Sie haben die Verluste durch die Stromleitungen berücksichtigt und auch eine Lösung bei politischen Konflikten parat. Wie und warum das weltweit größte Energieprojekt scheiterte, aber in den letzten Jahren trotzdem reanimiert wurde, lesen Sie auf Seite 28.

Ist Ihnen schon aufgefallen, dass die Qualität der Diskussionen bei Facebook deutlich niedriger ist als in anderen sozialen Medien? Die Kommentarspalten werden zu einem erschreckend hohen Anteil von Rassisten gefüllt. Facebook duldet deren Hass nicht nur, es fördert ihn sogar – das jedenfalls ist das Ergebnis einer Studie zur Medienwirkung. Je mehr jemand Facebook nutzt, desto eher stimmt er vereinfachten und menschenverachtenden Inhalten zu. Lesen Sie auf Seite 14, welche Begründungen Wissenschaftler für diese These anführen.

In den USA entscheiden ein paar Hundert Menschen den Präsidentschaftswahlkampf – jedenfalls darüber, welche Kandidaten dafür genügend Geld haben. US-amerikanische Großspender kommen vermehrt aus der Finanz- und Energiebranche. Sie unterstützen bevorzugt Kandidaten der Republikanischen Partei und setzen einer Studie zufolge ihre politischen Forderungen nahezu ausnahmslos durch. Ist das noch demokratisch? Ab Seite 48 lesen Sie, warum nicht nur Russland, sondern auch die USA ein enormes Demokratiedefizit aufweisen.

***

Was für ein schlechtes Editorial. Auf Seite ... und auf Seite ... – richtig langweilig! Niemand will wissen, was man auf Seite soundso findet. Niemand! Ich möchte dieses Editorial gegen das von Ausgabe vier tauschen.

JANUAR 2017

Editorial Heft N°4 – 4.000

Verspüren Sie auch das Bedürfnis, uns für dieses Cover eine Mail mit dem Betreff: »Afrika ist kein Land!« zu schreiben? Wir haben die Karte vor zwei Jahren das erste Mal online veröffentlicht. Mein Eindruck: 84 Prozent der Betrachter fanden diese etwas andere Darstellung von Europa unterhaltsam und 16 Prozent richtig schlimm, weil Afrika ja gar kein Land ist. Vielleicht ist es auch andersherum. Auf jeden Fall hat uns die Idee, Länder umzubenennen, fast (im Sinne von kurz davor, aber dann doch nicht so ganz) berühmt gemacht. Heute sind wir das weltweit größte und erfolgreichste Magazin für Kartografik und Sozialwissenschaft. Und deshalb muss auch genau diese Europakarte genau jetzt zum einjährigen Print-Jubiläum von KATAPULT aufs Cover.

Als ich vor drei Jahren damit begann, mit zwei Freunden die Idee für KATAPULT auszuarbeiten, hat uns das Wirtschaftsministerium recht flott zwei Wirtschaftsberater aus Berlin geschickt. Gute Leute. Sie fanden unsere Karten genial und das wirtschaftliche Konzept so mittel. Das Wichtigste war ihnen aber, uns regelmäßig zu warnen, dass der Printmarkt am Ende ist und man eigentlich nur noch online erfolgreich sein kann: »Auf gar keinen Fall drucken!« Das war aber nicht die einzige Warnung. Auch müssten wir mit KATAPULT eigentlich nach Berlin ziehen, weil dort die Infrastruktur für Startups besser sei. Für den Beginn bräuchten wir

zudem einige positive Referenzen, Leserkommentare oder Empfehlungsschreiben, am besten viele, damit auch glaubhaft ist, wie brillant das alles ist.
Also haben wir entschieden, KATAPULT zu drucken, in Greifswald zu bleiben und ausschließlich negative Leserkommentare zu veröffentlichen. Sicher ist sicher und wer weiß, ob sich das Internet wirklich durchsetzt. Eine Karte gehört aufs Papier, in ein Magazin oder an eine Wand – immer! Das bleibt meine Sicht der Sachlage. Und Greifswald ist, ganz objektiv betrachtet, die schönste Stadt Deutschlands.

Sie lesen gerade die vierte Ausgabe von KATAPULT. Das heißt, wir haben ein volles Jahr als Printmedium überlebt – ohne Geldgeber, ohne Investor, ohne Erspartes. Wie geht das eigentlich? Erstens arbeiten wir nebenbei auch als Grafikbüro und zweitens zahlen wir uns niedrige Gehälter. Das darf selbstverständlich nicht ewig so bleiben. Denn auch der idealistischste KATAPULT-Redakteur will irgendwann mal ganz normalen Lohn. Deshalb schreibe ich hiermit das neue Ziel für 2017 als Schlusssatz nieder: Wir brauchen für dieses Jahr 4.000 Abonnenten, bis jetzt haben wir 1.500.

***

Bis Ausgabe drei habe ich sehr langweilige und akkurate Texte abgegeben. Die beginnen sogar megalangweilig. Das hier ist der erste Text mit Inhalt. Gute Entwicklung. Auf diese Textstelle hier: »Also haben wir entschieden, KATAPULT zu drucken, in

Greifswald zu bleiben und ausschließlich negative Leserkommentare zu veröffentlichen« werde ich bis heute angesprochen. Das scheint ne ganz gute Kombination zu sein: Greifswald, drucken, negative Kommentare. Deshalb gehört sie bis heute zur RNA von KATAPULT!

APRIL 2017

Editorial Heft N°5 – Wolfgang

Als mir Richard David Precht auf der Frankfurter Buchmesse begegnete, habe ich sofort seine Hand genommen und ihm dort die dritte KATAPULT-Ausgabe reingelegt. Unser anschließendes Gespräch war nicht locker. Die »Erneuerbaren Energien«, mit denen wir die Ausgabe damals betitelten, interessierten ihn trotzdem. Das mache ich jetzt immer so: Wenn ich einen einflussreichen Menschen sehe, übergebe ich ihm eine geeignete KATAPULT-Ausgabe und beginne ein unentspanntes Gespräch; gelernt ist gelernt. Bei Martin Sonneborn hat es auch geklappt. Seine Frau (war nett und stand daneben) kannte uns schon. Sie war begeistert, aber er fragte nur: »Ist das denn auch rechtsradikal?« Meine Antwort: »Klar, wir sind eigentlich wie der Cicero.« Niemand lachte über den Witz des anderen. Im Nachhinein fand ich seinen doch ganz gut.

Irgendwann saß ich im Unfallkrankenhaus in Berlin und wartete im Wartezimmer. Mein Blick ging frei geradeaus. Plötzlich schob sich von rechts ein Rollstuhl mit Rollstuhlfahrer in mein Sichtfeld. Es war Wolfgang Schäuble. In dem Moment bemerkte ich gleichzeitig, dass er durch den Hintereingang kam und ich anscheinend direkt am Hintereingang saß. Was für eine Gelegenheit, dachte ich. Er ist fast schutzlos: nur ein Bodyguard. Dann fiel mir auf, dass ich nichts dabei hatte, kein Magazin, keine Karte, nichts. Hätte ich vielleicht sagen sollen: »Hallo Herr Schäuble, ich mache bei einem Magazin mit, da sind viele Karten und Artikel drin. Ich schick Ihnen was zu!« Ja, genau das hätte ich sogar sagen müssen. Es wäre genauso unentspannt gewesen wie die Gespräche zuvor und dennoch wäre ihm im Gedächtnis geblieben, dass ihn ein humpelnder Typ im Krankenhaus merkwürdig von der Seite angesprochen hat.

Nun ist mir nicht zuzumuten, die nächsten Wochen im Berliner Krankenhaus darauf zu warten, dass Herr Schäuble erneut zum Arzt rollt. Ich werde ihm deshalb wöchentlich ein Magazin zuschicken, in der Hoffnung, dass es ein wissenschaftlicher Mitarbeiter seines Ministeriums an ihn weiterreicht. Die Chancen gehen gegen null, also versuche ich es. Denn diese Ausgabe ist an Herrn Schäuble adressiert. Er hat nach dem LKW-Anschlag von Berlin den Haushaltsschwerpunkt auf das Thema Sicherheit gelegt und will mehr Geld dafür ausgeben. Aber wie erreicht man Sicherheit und wie gibt Herr Schäuble sein Geld am besten aus? Dafür gibt es schon seit immer sehr viele unterschiedliche Ideen. Ob sie für gut oder schlecht befunden und danach umgesetzt werden, wird oft emotional oder aus Aktionismus entschieden. Wichtiger ist aber, statistisch und wissenschaftlich auszuwerten, welche Maßnahmen welche Wirkungen erzielen und welche Nebenwirkungen dabei auftreten. Genau das haben wir in dieser Ausgabe gemacht. Videoüberwachung, elektronische Fußfessel, verstärkter privater Waffenbesitz, mehr Polizei, härtere Strafen oder Vorratsdatenspeicherung – welche dieser Maßnahmen verringern tatsächlich (also wissenschaftlich belegt) Kriminalität?

Precht und Sonneborn verpassen aufgrund meiner forschen Kontaktaufnahme wahrscheinlich schon keinen KATAPULT-Artikel mehr und haben uns ihrer gesamten Verwandt- und Bekanntschaft aufgedrängelt. KATAPULT-Statistiker haben mir nun aber ausgerechnet, dass die Wahrscheinlichkeit, dass einer der beiden mit Schäuble verwandt oder befreundet ist, extrem klein ist. Deshalb bleibe ich sicherheitshalber bei der Taktik, die schon bei Jürgen Habermas erfolglos blieb: wöchentlich eine Postsendung an Wolfgang Schäuble.

***

Er hat nie geantwortet.

JULI 2017

Editorial Heft N°6 – Panzer

Ich beobachte Leute im Kiosk – manchmal. Ich will wissen, wie sie einkaufen, wie sie Cover angucken und welche Seiten sie zuerst aufschlagen. Das letzte Mal war ich in der Greifswalder Bahnhofsbuchhandlung. Ein Mann kam in einer etwas zu kurzen Flecktarnhose ins Geschäft, steuerte die Verkäuferin an und fragte: »Haben Sie Panzer?« Was für eine beknackte Frage. Ich war auf den verwirrten Blick der Verkäuferin gespannt. – Sie antwortete ohne verwirrten Blick: »Ja klar, das neue Heft kommt aber erst in zwei Tagen.« Okay, der Typ war doch nicht bescheuert. Es gibt anscheinend ein Magazin mit dem Namen »Panzer«. Was für ein komischer Name, dachte ich. Bestimmt gewaltverherrlichend. Dann fiel mir ein, dass sich KATAPULT ja KATAPULT nennt. Was für ein bescheuerter Name. Bestimmt gewaltverherrlichend. Aber eigentlich doch auch ein ganz toller Name. Fast so gut wie Panzer.

Meine Einstellung zum Wort »Panzer« hat sich innerhalb von zwei Sekunden geändert. Alte und militärische Begriffe deuten zwar darauf hin, dass etwas alt und militärisch ist – gelegentlich sind Namen aber nur Namen. Das Magazin »Cicero« hat beispielsweise wenig mit dem römischen Schriftsteller Marcus Tullius Cicero oder dem Sänger Roger Cicero zu tun. Im ersteren Fall würde es schon deshalb nicht passen, weil der Name falsch ausgesprochen würde. Das weiß jeder, der mal das große Latinum abgebrochen hat: ein C wird wie ein K gesprochen – »Kikero«. Um sicherzugehen, hab ich dann aber doch noch mal beim Cicero angerufen und gefragt. Ergebnis: Der Magazinname ist eine Referenz auf den römischen Schriftsteller Marcus Tullius Cicero. Genau, wie ich nicht gesagt habe.

Meine erste Frage war allerdings nur ein Vorwand. Denn eigentlich wollte ich was ganz anderes vom Cicero wissen: Ist der Cicero rechtspopulistisch und wie steht man zu solchen Anschuldigungen? Antwort: Er war es noch nie. Das waren tendenziöse Artikel. Ich habe die Frage auch nur gestellt, weil mir aufgefallen war, dass ein AfD-kritischer Artikel des Cicero nicht so gut bei dessen Lesern ankam. Es gab bei Facebook weniger Likes als sonst und in der Kommentarspalte bedauerten Pegidisten und AfDler, dass der Cicero jetzt doch zur Lügenpresse gehört. Gut – aber das Magazin veröffentlichte anschließend drei Artikel über den gefährlichen Islam, selbstgerechte Grüne und unerwünschte Flüchtlinge. Die Leser likten wieder. Vielleicht ist der Cicero nicht rechtspopulistisch, er produziert nur viele Artikel, die Rechtspopulisten gefallen.

Wie kann man eigentlich KATAPULT politisch einordnen? Das werde ich immer wieder gefragt, und besonders nervig sind Leute, die unter falschem Vorwand erst eine harmlose Frage zu unserem Namen stellen und danach ewig mit mir über die politische Ausrichtung diskutieren. Wenn diese Frage aufkommt, lenke ich immer geschickt vom Thema ab. Bei »Panzer« gibt es übrigens zu jeder Ausgabe einen Miniaturpanzer geschenkt. Das ist so genial, dass ich mittlerweile einen Miniaturkatapulthersteller suche. Wenn Sie das auch für eine gute Idee halten, schicken Sie bitte das Stichwort »Panzer« an die 0176 56 99 89 44 oder schreiben es an unsere Facebook-Pinnwand.[1]

***

Der Cicero hat in den letzten sechs Jahren 46 Prozent seiner Auflage verloren. Ich persönlich nehme ihn kaum noch wahr.

---

1 Das Wichtigste steht immer in der Fußnote. Deshalb hier die Antwort: Wir sind ein wissenschaftliches Magazin und kooperieren grundsätzlich mit allen Wissenschaftlern – egal welcher Partei sie nahestehen. Mit Rassisten und Antisemiten kooperieren wir nicht, aber die gibt es in der Wissenschaft auch nur selten.

OKTOBER 2017

Editorial Heft N°7 – Tschück

Ich wollte ein Editorial darüber schreiben, wie Frau Merkel nach China reiste, um dort die Menschenrechtslage anzusprechen, und am Ende zwei Pandas für den Berliner Zoo von den Chinesen bekam. Das mache ich aber doch nicht. Bei KATAPULT hat sich in den letzten drei Monaten zu viel verändert.

Von vorne: Meine Kindheit verlief perfekt. Ich bin in Wusterhusen aufgewachsen, hatte ein Baumhaus (haben wir selbst gebaut, steht heute noch, Bauart: massiv!), einen Schäferhund, eine Simson Schwalbe und viele Freunde. Das war Glück. Als ich 13 Jahre alt war, starb mein einziger Bruder: Leukämie – Gehirntumor – tot. Das war großes Pech. Die Zeit danach war eigenartig, aber ziemlich schnell hatte ich wieder Glück. Ich durfte und darf Leistungssport betreiben, habe Abitur mit der besten 3,3 gemacht, die jemals an meiner Schule erzielt wurde, und bin irgendwie an die Uni gekommen.

Noch während des Studiums gründeten wir KATAPULT und heute kann ich hier hinschreiben, dass wir auf eine ganz neue Art erfolgreich sind. Wir haben uns ja schon immer (manche nur manchmal, ich aber immer!) für die besten gehalten und waren deshalb schon aus unserer Eigendefinition heraus erfolgreich. Nun ist jedoch etwas hinzugekommen. Wir haben unser Jahresziel schon im Juni erreicht und damit so viele Leser, dass sich KATAPULT selbst trägt. Unser

Konto war bisher chronisch im Minus. Daran hatte ich mich bereits gewöhnt. Jetzt ist es ausgeglichen. Wir geben uns zwar Gehälter, die nur knapp über dem Mindestlohn liegen, aber egal, hauptsache stabil.

Seit der letzten Ausgabe wächst KATAPULT in allen Bereichen: Auflage, Kioskverkäufe, Abos.[1] Warum? Wir hatten Glück. KATAPULT besteht zu 100 Prozent aus Amateuren. Unser Layouter (Naturtalent) hat keine Ahnung, wie man ein gutes Layout macht, und schafft es trotzdem jedes Mal, das beste Magazin Deutschlands zu entwerfen. Niemand bei uns hat Erfahrung im Druck und Vertrieb einer Zeitschrift und ich weiß überhaupt nicht, wie eine Redaktion geleitet wird. Dass dennoch so viele Menschen KATAPULT lesen, kann nur einen Grund haben – Glück, im Sinne von Zufall. Denn selbst die Kernidee, nur Karten und Grafiken zu verwenden, war zufällig. Wir hatten damals nicht genug Geld, um Fotos zu kaufen. Also blieben noch Grafiken – die konnten wir selbst produzieren. Anfänglicher Geldmangel war unser Glück!

Nicht allen geht es so gut wie KATAPULT und mir, das weiß ich. Deshalb möchten wir etwas zurückgeben und jedem ein Abo schenken, der weniger Glück hatte und unwürdiges Arbeitslosengeld II oder Ähnliches bekommt. Schreiben Sie uns eine Mail an tschueck@katapult-magazin.de. Sie erhalten dann kostenlos für ein Jahr KATAPULT. Erklären müssen Sie sich nicht. Stattdessen können Sie uns noch etwas Positives schreiben, zum Beispiel, welches Ihr Lieblingsbuch ist.

Meins ist »Tschick« von Wolfgang Herrndorf. Jedem, der länger als drei Minuten mit mir reden muss, dem drängel ich ein Gespräch über dieses Buch auf und sage: Lies mindestens bis zur Unterwasserszene im Pool! Was Besseres wirste nie lesen. Herrndorf hat auch schwache Bücher geschrieben, aber an Tschick kommt kein Werk von Goethe, Nabokov oder Moers ran, das ist klar. Sollte ich mal einen Roman schreiben, dann wird er so ähnlich wie Tschick, aber ich nenne das Teil »Tschück«. Die Hauptrolle spielt ein 30-jähriger Baumhausbesitzer, der ein Magazin gründet, das zunächst keiner lesen will (Spannungsbogen), weil das Editorial peinlich ist, und das am Ende trotzdem ganz viele lesen (vorzeitiges Happy End), aber dann pleitegeht. Zu viele Abos verschenkt.

***

Auf einer Lesung in Ulm hat mich tatsächlich eine Besucherin gefragt, warum mein später erschienener Roman nicht »Tschück« heißt. Ich musste kurz nachdenken und dann fiel mir auf, dass ich es versaut hatte. Wie konnte ich meinen Roman »Die Redaktion« nennen, wenn ich doch hier was anderes versprochen hatte! Ich hole es irgendwann nach.

---

1 Das Schöne ist: Die meisten Abonnenten schließen ihr Abo beginnend mit der ersten Ausgabe ab.

JANUAR 2018

Editorial Heft N°8 – Springer

Ein alter Freund von mir ist jetzt Bundestagsabgeordneter. Wir haben zwei Jahre in Greifswald studiert, gefeiert und zusammen einen Artikel für Katapult veröffentlicht. Stark, oder? Wenn Sie jetzt schätzen, welcher Partei er angehört, bin ich sicher, dass Sie falschliegen. Es ist die AfD.

Die Mitarbeiter des Greifswalder Instituts für Politikwissenschaft fragen mich ab und zu, wie er zu dieser Partei kommen konnte. Die Frage entsteht deshalb, weil die deutsche Politikwissenschaft mit dem Ziel gegründet wurde, es nie wieder zu etwas Ähnlichem wie dem »Dritten Reich« kommen zu lassen[1], und die AfD zumindest schon mal das negative Bild vom Dritten Reich revidieren will. Mein alter Freund schrieb die Reden für Alexander Gauland, meinte aber in einem Interview, dass Gauland die peinlichen Aussagen (Boateng und so) immer einfach ohne Rücksprache hinten ranhängte. Er schreibt aber nicht nur Reden, er ist auch dafür, dass Björn Höcke in der Partei bleibt. Wie geht das? Politikwissenschaft studieren und anschließend einen Politiker unterstützen, der die Reden von Goebbels nachahmt?

Er war erst in der SPD, hat anschließend für die CDU gearbeitet, wollte eigentlich mal ein Praktikum bei der Linken machen und hat am Ende ein Jobangebot von der AfD angenommen. Er fällt damit unter die Kategorie des »Parteienhoppers«. Ein Springer, der aber, anders als beim Schach, seine Farbe wechseln kann.

Auch unangenehm, aber nicht ganz so oll, sind Politiker vom Typ »Parteiencamper«. Sie handeln andersrum. Spätestens mit zwölf treten sie einer Partei bei. Von da an lernen sie neue Parteipositionen auswendig und belästigen vorzugsweise mich damit. Davon kenne ich mindestens fünfzehn. Wenn sich ein Parteiencamper an die richtigen Leute klemmt, kann er erfolgreich sein. Die Karriere endet aber höchstens als parlamentarisches Stimmvieh oder als Bundespräsident. Parteiencamper können »geniale Rennpferde« sein, sie laufen so, wie sie geführt werden und sehen kaum nach links und rechts. Innerhalb einer Partei sind sie wichtig, außerhalb ihrer Partei wirken sie unsympathisch.

Parteienhopper hingegen können von der Außenwelt als sympathisch wahrgenommen werden und zwar dann, wenn sie aus inhaltlichen Gründen hoppen. Oskar Lafontaine (obwohl er unsympathisch ist) könnte so ein sympathischer Hopper sein. Negativ und auch etwas peinlich werden sie hingegen dann, wenn sie aus Karrieregründen die Partei wechseln. Im Falle meines Freundes trifft das zu: Zuerst kam der Job, danach die neue Meinung.

Er war der älteste unseres Masterjahrgangs, diente zuvor in Afghanistan und beschrieb, dass er nach dem Einsatz noch ein Jahr lang schreckhaft auf bestimmte Geräusche reagierte. Heute ist er für die Abschiebung von Afghanen. Was mich in diesem Zusammenhang schon lange beschäftigt, ist die Wandlungsfähigkeit eines Menschen. Rechte Cliquen gab es immer – gefährlich konnten sie aber nur dann werden, wenn sich wandelbare Mitläufer anschlossen. Im Fall meines Freundes weiß ich nicht genau, ob er es selbst mitbekommen hat, dass er seine politischen Positionen und auch seine Sprache stark und in kurzer Zeit an eine rechte Partei angepasst hat. Wenn nicht, tut er mir etwas leid und die Menschen aus seinem sozialen Umfeld auch. Wenn ja, tun mir nur die Menschen aus seinem sozialem Umfeld leid – denn peinliche Momente, in denen diese erklären müssen, warum er das alles macht, wird es viele geben.

***

Ich bin langsam drüber hinweg und hab das menschliche Elend akzeptiert. Der Typ ist übrigens wieder in den neuen Bundestag gekommen.

---

1 Die deutsche Politikwissenschaft ist seit ihrer Gründung nach 1945 explizit eine Demokratiewissenschaft.

APRIL 2018

Editorial Heft N°9 – Kernkraftwerk

Sagt der eine zum andern: »Hier, musste liken die Seite.« Sagt der andere: »Hab ich schon längst.« Diese Diskussion über KATAPULT hab ich auf Facebook gefunden und weil ich ein genialer (kann mein Arzt bestätigen) Statistiker bin, vermute ich, dass alle Gespräche über KATAPULT genau so ablaufen.

Wir sind berühmt geworden, dachte ich zunächst. Dann traf ich Frau Hase im Netto. Sie sagte: »Na Benni, lang nicht mehr gesehen, arbeitest du noch im Kernkraftwerk?« Ich meinte: »Kernkraftwerk? Nein nein, noch nie! Ich mache bei einem Magazin mit, das heißt Katapult und hat ausschließlich Karten und Grafiken.« Frau Hase guckte skeptisch. Was erzählt der dünne Junge nur? Er war doch jetzt schon über zehn Jahre im Kernkraftwerk und nun macht er ein Magazin? »Na gut, Benni«, sagte sie, »hättest du mal in der Schule besser aufgepasst, dann wär dir der Job im Kernkraftwerk sicher gewesen.« Na gut, dachte ich zurück, da hat sie recht. Danach fiel mir auf: Wir sind doch nicht so berühmt. Damit wir von KATAPULT jetzt nicht ständig für Kernkraftexperten gehalten werden, stelle ich heute einen Teil des KATAPULT-Teams vor.

Ich beginne mit dem Schwächsten. Der Layouter: Sie sehen es ja schon selbst. Hier 'ne Linie, da 'ne Linie, sowas machen Leute, die keine Ziele im Leben haben. Er sagt gerne »genial« und meint damit seine eigenen

»Fähigkeiten«. Der Layouter ist der Bassist der Redaktion. Manchmal freut er sich, wenn er bei Paint eine neue Farbe gefunden hat. Glückwunsch! Nebenbei schreibt er einfach mal meinen Nachnamen falsch. Kennen Sie unsere erste Ausgabe? Katastrophe. Die Politologin: Sie macht gerne Ausrufezeichen, wo Punkte hingehören. Krank, oder? Die passt gut ins Team, sage ich leise zu mir (Irrationalität ist meine Stärke). Seitdem bemühe ich mich, in möglichst viele Fettnäpfchen zu treten. Ich meinte neulich mal, in Lloret de Mar feiern doch nur Leute, die Alf heißen. Sie antwortete, »na ja, da hab ich meinen Freund kennengelernt. Wir sind seit zehn Jahren zusammen.« Auch nicht so doll: der Geoinformatiker. Sagt gerne »arrangieren«. Was ist mit dem eigentlich los? Er beschimpft den PC im Acht-Sekunden-Takt, woraufhin sich der PC weigert, zu booten. Seitdem gibt es Fluchverbot im Büro. Keine Ahnung, ob er das einhält. Er bleibt gerne bis 24 Uhr im Büro, wahrscheinlich nur, damit er alleine weiterfluchen kann. Der Korrektor: Jede Ausgabe die gleiche Klugscheißerei: »Benni, du musst (stellen Sie sich jetzt bitte eine stumpfe Idiotenstimme vor) diese 5.000 Sätze in den Konjunktiv setzen, weil die Aussage sonst eventuell falsch ist.« Meiner Meinung nach müssen alle Korrektoren ein Seminar besuchen, in dem sie lernen, dass der Konjunktiv schon weit vorm Krieg aus dem Duden gestrichen wurde. Wer zu viel in der Möglichkeitsform schreibt, kann es meinetwegen auch sein lassen. Zuletzt: die Praktikanten. »Soll ich das so machen? Wo muss ich hier noch mal klicken? Hab ich das gut gemacht?« Praktikanten sind das Schönste auf der Welt. Im sozialen Umgang mit ihnen muss ich immer wieder an einen philosophischen Aphorismus von Arthur Schopenhauer denken: »Fick dich ins Knie! Ich hab doch auch keine Ahnung.«

Was ich mit meiner kleinen KATAPULT-Familienaufstellung insgesamt sagen will: Wir sind derzeit das beste Team, das wir je hatten. Ich schwächele derzeit zwar etwas (in Greifswald war im Winter der See zugefroren und ich musste mindestens fünf Stunden am Tag Eishockey spielen), aber insgesamt haben wir noch nie so viele gute Artikel und Karten veröffentlicht. Die Redaktion war noch nie so produktiv, noch nie so interaktiv (besonders bei Facebook) und noch nie so angenehm. KATAPULT rast wie ein Rennhundeschlitten und wir stellen immer mehr Hunde ein. Wenn wir jetzt noch jemanden hätten, der den Schlitten vernünftig führen könnte – wir hätten (vorne Konjunktiv und hinten Ausrufezeichen, ich hasse das) den Cicero auch beim Absatz schon längst überholt!

Falls Sie sich gerade freuen, warten Sie bitte noch ab, denn auch Sie und Ihr Bundesland werden in dieser KATAPULT-Ausgabe beschimpft. Sollten Sie unsere Vorurteils-Karten einigermaßen beknackt finden, schicken Sie uns gerne eine Hassmail an hassmail@katapult-magazin.de.

***

Diese kleine Familienaufstellung wirkt heute niedlich. Unser kleines Team mit fünf Leuten. Wahnsinn. Heute sind wir über 40 Menschen, haben eigene Teams, Teamleitungen, eine Buchhaltung, und eine eigene Küche. Unvorstellbar!

JULI 2018

Editorial Heft N°10 – Knicker

Im Kiosk frage ich: Haben Sie Katapult? Antwort: Nee, aber die neue »Barbara« ist grad reingekommen. Lustiger Laden. Ich reagiere, wie wohl jeder Mensch mit gutem Geschmack in dieser Situation reagieren würde, und kaufe mir eine Barbara. Das ist das Magazin, bei dem Barbara Schöneberger auf dem Cover ist – immer. Das Konzept ist derzeit in Mode. Es gibt noch ein Magazin mit Eckart von Hirschhausen zum Thema Gesundheit und eins mit Joko Winterscheidt übers Coolsein – die »JWD«. Was zum Layouter ist das für ein Magazin? Ich fasse zusammen: Joko schießt mit Gewehr, Joko kifft mit Nonne, Joko tanzt mit Wolf, oder so.

Haben wir bei KATAPULT eventuell alles falsch gemacht, weil wir gar keinen bekannten Namen im Titel haben, über den der gesamte Verkauf läuft? Eins weiß ich. Ich bin nicht so bekannt wie Joko Wintersport, aber ich kenne jemanden, der noch viel bekannter ist: Adolf Hitler. Würden Sie gerne ein Magazin kaufen, das sich »Adolf – Magazin für politische Kultur« nennt? Wir werden es ausprobieren, wahrscheinlich als KATAPULT-Sonderausgabe – denn Personenkult ist wieder im Trend. Inhaltlich muss natürlich was ganz Dolles rein. Vielleicht n Rätsel. Ich frag mal beim Pressevertrieb, ob die das verkaufen.

Wir wollten sowieso bald die erste Sonderausgabe produzieren. Bevor wir aber die Adolf groß rausbringen, machen wir eine riesengroße KATAPULT-Sonderausgabe in A1. Das ist erst mal unpraktisch, aber man kann das Ding auf A4 zusammenfalten. Ein Falt- und Knickmagazin namens »Knicker«. Vorteil: Zusammengeklappt passt es in den Rucksack, ausgeklappt reicht der Platz für sehr große Karten, Wandkarten sozusagen. Genial, oder?

Das erste Thema steht auch schon: Die Kartografie der Treuhandanstalt. Viele DDR-Betriebe wurden nach der Wende geschlossen und die Produktionsmittel für nen Appel und n Eis verkauft. Die Käufer bauten die Maschinen im Westen wieder auf, schufen damit Arbeitsplätze und verhinderten Konkurrenz aus dem Osten. Wir wollen diese Wanderung der Maschinen dokumentieren, auf einer großen Karte.

Warum dieses Thema? Warum gerade jetzt? Pegida und AfD sind im Osten besonders stark. Das weiß jeder. Als Begründung geben Wissenschaftler immer wieder an, dass der Osten Deutschlands strukturschwach ist. Das ist nicht der einzige Grund, aber es ist sicher einer. Als Reaktion darauf wollte die Ostbeauftragte die Arbeit der Treuhandanstalt ganz neu aufarbeiten, wissenschaftlich, mit richtigen Studien. Toll, dachte ich. Gute Sache. Schon die Aufarbeitung alleine wäre ein gutes politisches Signal. Aber die einzigen Studien, die bis heute existieren, sind superlangweilige Umfragen. Da kamen Sachen raus wie: Die Bürger aus dem Osten finden die Treuhandanstalt nicht so gut. Wir wollen keine Umfragen, wir wollen Details! Wir wollen wissen, wer wann was zu welchem Preis gekauft hat, wo das Zeug wieder aufgebaut wurde und wie lange die Maschinen liefen oder vielleicht immer noch laufen. Wir wollen wissen, wie viele Arbeitsplätze dadurch im Osten verloren gingen.*

Markus Söder ist auch auf unserer Seite. Er möchte den Solidaritätszuschlag bis 2022 abschaffen. Das ist gut. Ich stimme ihm zu und schreibe mit freundlichen Grüßen: Behalt den Soli und gib den Ossis ihre Produktionsmittel zurück, du Arsch!

**Liebe Wissenschaftler, ich fordere Sie hiermit auf, dieses Thema zu behandeln. Es ist ein gutes Thema. Katapult beginnt schon mal mit der Recherche für die Riesenkarte, die in die erste Knicker-Ausgabe kommt. Danach müssen Sie übernehmen! Kooperation? Ja!*

***

Das hier ist der Gründungstext für den Knicker. Damals wusste keiner, wie das so laufen wird. Heute ist der Knicker unfassbar erfolgreich. Er hat 30.000 Abonnent:innen und bekommt extrem viel Anerkennung. Das Team um Sebastian Haupt hat sich einen Ruf erarbeitet, von dem das etwas trottelig daherkommende Magazin nur träumen kann. Lehrer:innen und Schulen rufen uns regelmäßig an und wollen sich die großen Karten in den Klassenraum hängen oder direkt mehrere Hundert kaufen. Das ist das, was wir immer wollten!

OKTOBER 2018

Editorial Heft N°11 – Sartre sticht

Elf Ideen hatte ich im Urlaub. Fünf durch Rumsitzen und dabei Nachdenken, drei durch Rumsitzen und dabei Lesen, eine dadurch, dass ich nicht einschlafen konnte, eine beim Rennradfahren (61 km, Ø 33,2 km/h), und eine durch den Ortswechsel an sich. Gelesen habe ich »Die Hauptstadt« von Robert Menasse und »Pnin« von Vladimir Nabokov. Beide Bücher sind stark, aber die drei Ideen durch Lesen sind mir beim Roman von Menasse gekommen.

Durch Nachdenken bin ich darauf gekommen, dass Apple einen Apfel als Logo hat, Burger King einen Burger, Puma einen Puma und VW die Buchstaben V und – jetzt kommt's: W. Das langweilige Logo für uns als KATAPULT-Magazin wäre ein Katapult. Ich stelle mir vor, dass Apples Logo eine Banane wäre und freue mich dabei. Und deshalb haben wir jetzt ein Eis als Logo. Ich wollte ursprünglich ein Eis am Stiel, aber der Layouter sah das anders.

Idee Nummer zwei darf ich hier noch nicht hinschreiben. Wenn Sie wüssten, was mir eingefallen ist, würden Sie es sofort selbst machen und statt meiner zum Milliardär werden. Es hat mit einem 3D-Drucker zu tun. Die nächste Idee darf ich wieder verraten. Durch den Ortswechsel (Lesparre-Médoc) ist mir eingefallen: Wir brauchen für KATAPULT ein Flugzeug, das ein Werbebanner hinter sich herzieht. Das sieht gut aus. Der Einfall kam mir, weil ich ein Flugzeug gesehen habe, das ein Werbebanner hinter sich herzog.

Die nächste Idee habe ich wieder vergessen und die darauffolgende besteht darin, dass wir demnächst eine Social-Media-Korrektorin einstellen, die gleichzeitig auch die Aboverwaltung übernimmt. Bewerbungen an redaktion@katapult-magazin.de.

Wir geben im Jahr knapp 100.000 Euro für den Druck des Magazins, der Poster und anderer Kleinigkeiten aus. Deshalb denke ich darüber nach, ob wir nicht langsam eine eigene KATAPULT-Druckerei aufbauen sollten. Alte Maschinen gibt es günstig zu kaufen, weil Druckereien derzeit dichtmachen. Wenn wir die Druckerei so betreiben, dass wir durch die KATAPULT-Aufträge bereits die laufenden Kosten decken, bin ich dabei.

Nächste Idee: Weltmeisterschaften im Karten-Nachzeichnen. Jeder bekommt ein Blatt Papier oder eine Zeichenfläche (online) und muss ein Land aus seinem Gedächtnis nachzeichnen. Wer am dichtesten dran liegt, wird Karten-Nachzeichnen-Weltmeister und gewinnt ein Eis. Ich suche noch einen Programmierer, der mir das als Onlinespiel basteln kann, dann geht's los. Die Idee ist einwandfrei, nur die Umsetzung wird knifflig, das weiß ich jetzt schon. Bewerbungen an redaktion@katapult-magazin.de.

Die letzte Idee ist die beste! Es gibt Auto-Quartetts, LKW-Quartetts, Motorrad-Quartetts, Sportwagen-Quartetts, Flugzeug-Quartetts und Panzer-Quartetts. Was es nicht gibt, ist ein Philosophen-Quartettspiel. Und das machen wir jetzt einfach. Enorm, oder? Sie können dann mit Hannah Arendt gegen Martin Heidegger in der Kategorie »Aufrichtigkeit« stechen, aber Heidegger sticht Arendt zurück bei der Länge des Wikipedia-Artikels. Sartre sticht Kant bei der Anzahl veröffentlichter Werke und Chomsky sticht Nietzsche in der Kategorie Lässigkeit. Žižek trumpft alle anderen Karten in der Kategorie Mediengeilheit oder im Nuscheln, das weiß jeder. Die Kategorien stehen noch nicht fest. Falls Sie gute Ideen haben, senden Sie mir diese an redaktion@katapult-magazin.de. Wir machen das Spiel bis zum November fertig, sodass Sie uns vor Weihnachten den Shop leerkaufen können (sagen wir elf Euro?) und wir dadurch superreich werden, falls Idee zwei nicht schon dafür gesorgt hat.

Die allerletzte Idee, die ich hatte, war die, Ihnen an dieser Stelle die Frage zu stellen, ob Sie mir vertrauen, dass das jetzt genau elf Ideen waren, oder anfangen nachzuzählen. Für die, die nachzählen: Sind Sie sicher, dass Sie richtig gezählt haben? Für die, die nicht nachzählen: Wie lange haben Sie es ausgehalten?

Antworten bitte unter dem Hashtag #sartresticht. In Magazinen wird das Ende eines Artikels mit einem vergrößerten Punkt oder Quadrat gekennzeichnet – auch bei uns. Damit ist jetzt Schluss. Sie haben was Besseres verdient.

***

Das Schöne an so einem Editorial ist: Wenn man so viele Ideen aufschreibt, müssen die auch durchgezogen werden. Das Veröffentlichen einer Idee erzeugt Druck. Die Sache abzubrechen, wäre peinlich, deshalb muss man ran. In diesem Sinne hat das Editorial die Funktion, Ideen mit einem Motor auszustatten. Ideen im Editorial = Motor!

JANUAR 2019

Editorial Heft N°12 – Magazinmusik

Letztens fragt mich der Layouter, ob er eine Stunde früher nach Hause kann, weil er sich für den Geburtstag seiner Freundin was ganz Besonderes einfallen lassen hat. Sie wollte ihren Geburtstag erst gar nicht feiern, deshalb möchte er sie unter einem Vorwand nach Rügen auf den berühmten Kreidefelsen locken und ihr dort ein selbstgeschriebenes Gedicht mit den Höhen und Tiefen ihrer langjährigen Beziehung übergeben. Richtig emotional. Für den Abend hat er ein ganzes Restaurant angemietet, alle ihre Freunde eingeladen und eine Überraschungsparty organisiert. Er ist total verliebt und das soll an diesem Geburtstag zu erkennen sein. – Ich habe Nein gesagt.

An dieser Stelle haben Sie schon einige intime Geschichten wie diese gelesen. Manchmal waren es auch abwegige, aber meiner Meinung nach kluge Ideen. Die ersten Leser fragen mich nun, ob das alles überhaupt stimmt. Die Antwort ist, alle Geschichten sind wahr. Der Layouter freut sich wirklich über schräge Linien und fragt ernsthaft, ob er früher gehen kann. Auch die Ideen sind ernst gemeint. Dass wir ein zweites Magazin namens Knicker im Riesenformat gründen, haben auch viele für einen Scherz gehalten. Wir drucken mittlerweile die zweite Ausgabe. Dass wir ein Magazin namens Adolf rausgeben werden und eine eigene Druckerei gründen, will auch keiner glauben. Damit Sie verfolgen können, auf welchem Stand all diese Ideen aus dem Editorial sind, haben wir sie aufgelistet und den Entwicklungsstand notiert: Seite 57.

Sie erkennen an den Projekten, dass KATAPULT kein bloßer Verlag bleiben wird, sondern Spiele entwickeln, Weltmeisterschaften austragen, neue Magazine gründen – und wenn mir dann noch jemand sagen kann, wie man die Bildzeitung zerstört, breche ich alle Projekte ab und konzentriere mich nur noch darauf. Hinweise bitte an redaktion@katapult-magazin.de, ernsthaft. Ich suche bereits, seit ich 15 bin, aber bisher ist mir nur ein straffreies Mittel eingefallen. Erzähle ich in drei oder sechs Monaten an dieser Stelle.

Selbst KATAPULT sollte ursprünglich gar kein Magazin werden, sondern eine Band. Die ersten Reime hatte ich bereits verfasst. Sie funktionieren am besten mit Punkmusik, schätze ich. Schlager würde vielleicht auch noch gehen, aber entscheiden Sie selbst: Ich hab ner Kuh am Arsch geleckt / das war wohl nicht so schlau. / Die Korken knalln, wir trinkn Sekt / jetzt ist sie meine Frau. – Ganz gut, wa? Alternativ geht auch: Ich hab ner Frau am Arm geleckt / ich schenk ihr eine Kuh / Die Frau ist klug, die Kuh gefleckt / jetzt machen beide muh. – Am Ende habe ich aber keinen einzigen Musiker damit begeistern können, stattdessen nur Redakteure. KATAPULT ist dadurch ein Magazin geworden, aber es wird nicht ewig dabei bleiben, denn ich starte hiermit das erste Magazin-Musik-Projekt.

Mir ist nämlich aufgefallen, dass es Filmmusik gibt, aber keine Magazinmusik. Warum? Ab sofort soll jede KATAPULT-Ausgabe einen Track, ein Intro oder einen Titelsong haben – kann skurril sein, kann stumpf sein, kann kurz oder lang sein, aber vor allem: Es muss ein Ohrwurm sein. Die Musik machen nicht wir, sondern Sie, die musikalischen Leser. Das Ganze soll so ablaufen: Wir veröffentlichen hier im Editorial ein Stichwort zum kommenden Magazin und jeder Musiker kann sich dazu was ausdenken, komponieren, aufnehmen und uns zuschicken. Wir veröffentlichen dann das beste Stück (oder alle) zusammen mit unserem Cover als Video über unsere Social-Media-Kanäle und verlinken natürlich den Künstler. Er wird anschließend zusammen mit uns so berühmt wie Helene Fischer. Das neue Genre heißt offiziell Magazinmusik und in 20 Jahren hört einer im Radio den Song und sagt, hey, war das nicht damals die Magazinmusik von Katapult, Ausgabe zwölf? Und der andere antwortet, ja genau, das war die Ausgabe mit der Studie über die Religiosität in Erdbebengebieten – coole Studie, coole Musik, werd ich nie vergessen.

Das Stichwort für die kommende Ausgabe ist »Magazinmusik« und ich fordere als Starthilfe konkret Veedel Kaztro auf, ne gute Nummer hinzulegen. Veedel, Du könntest weltweit der Erste sein, der eine Magazinmusik macht! Das steht später ganz oben bei Wikipedia. Alle anderen können natürlich auch mitmachen.

***

Dieses Projekt hat tatsächlich funktioniert. Wir bekamen fünf Musiken zugespielt. Kranke und schöne Sachen. Ich wollte ei-

gentlich ein Musiklabel gründen, habe aber bis heute keinen richtigen Zugang gefunden. Ich weiß einfach nicht, was man da machen muss. Noch nicht. Denn wir haben jetzt ein paar Kennerinnen im Team und starten das Ganze in den nächsten Jahren noch mal. KATAPULT muss auch Label sein!

APRIL 2019

Editorial Heft N°13 – Flamingowurf

Ich brauche fünf Brötchen. Also gehe ich zum Bäcker. Vor mir steht ein Mann und sieht dabei ganz normal aus. Nichts Besonderes. Einfach ein Mann. Er sagt zur Verkäuferin: »Einen Kaffee und eine Bild bidde.« Eine Bild, denke ich, das verkaufen die hier? Okay. Find ich nicht gut und der normale Mann ohne besondere Eigenschaften ist in dem Augenblick, als er »Bild« sagte, auf einmal voller Eigenschaften. Der arme Typ, denke ich – liest jetzt gleich die Bild hier. Hat der bestimmt schon öfter gemacht. Hasst Griechen und Ausländer, mag den Diesel, aber Schwule nicht so – wohl ein Arschloch – also im Großen und Ganzen.

Meine Gedankengänge beweisen, dass Bildlesen rufschädigend ist. Die Reputation des Mannes hat durch die ganze Aktion enorm gelitten. Wahrscheinlich gucken schon alle. Die Verkäuferin bedient ihn, als wäre er ein normaler Kunde. So eine Bäckerei kann ich nicht tolerieren. Also überlege ich mir eine Bestrafung. Ich bin dran. Die Verkäuferin fragt etwas zu lieb für meinen Geschmack: »Na?« Das ist wahrscheinlich ein Trick, damit ich mich wieder beruhige, aber nee, nee, sage ich leise zu mir, Bestrafung muss sein. Ich bestelle nur vier statt fünf Brötchen, was mir dann aber direkt lächerlich erscheint, weshalb ich meine Bestellung auf drei korrigiere.

Mir wird klar, durch die Bild befinden wir uns in einer Lose-lose-lose-Situation. Der Ruf des Mannes ist kaputt, dem Bäcker brechen durch meine Bestrafung die Umsätze ein und ich hab zu wenig Brötchen. Nur die Bild ist auf der Gewinnerseite. Sie wurde gekauft, vom Mann, der alle Griechen hasst. Wie oft passiert sowas eigentlich noch, dass ein Griechenhasser die Bild kauft? Ich google es und sehe sofort: Die Bild-Zeitung hat enormen Schwund. Immer weniger lesen das Griechenhasser-Blatt. Auch Politiker immer weniger. Der letzte große Fan ist Jens Spahn (hasst Griechen!), und das ist keine gute Werbung für die Bild und andersrum auch nicht.

Zwischen Spahn und Bild besteht eine enge Verbindung. Auch intellektuell ist Spahn sowas wie die Bild unter den Politikern. Vor Kurzem empfahl er den Menschen, doch bitte mehr Prophylaxe gegen Krebs zu betreiben: Rauchen beenden, mehr bewegen, gesund ernähren und vor allem, immer schön eincremen – dann bleibt der Krebs einfach weg. Mein einziger Bruder (Langstreckenläufer) ist an Krebs gestorben. Sollte ich jemals zu Jens Spahn gelangen, garantiere ich dafür, ihm sein Büro schäferhundhoch vollzukotzen.

Vielleicht hat Spahn es gut gemeint, aber er ist zu dumm für den Job und hält zu selten die Fresse. Ich wollte KATAPULT aus diesem Grund zu einer Republik umbauen und Spahn als lebendes Mahnmal auf die Flagge malen. Ach was soll's, ich mach das jetzt direkt hier. Ich rufe hiermit die »Republik Spahnien« aus.

Die Flagge sieht so aus:

Unsere Verfassung heißt nicht einfach Verfassung, sondern »Der Jens«. Der Jens hat zum heutigen Stand nur einen Artikel: 1. Alle Bürger (also die Abonnenten) sind verpflichtet, sich bei der DKMS anzumelden und sich als Stammzellspender zu registrieren.

Ich meine das ganz ernst, liebe Leser, wer ein Katapult-Abo hat, ist ab jetzt in der Pflicht, zum Stammzellspender zu werden. Ich habe noch keine Idee für eine angemessene Strafe bei Nichteinhaltung, aber Sie haben oben mitbekommen, was dem Bäcker widerfahren ist. Ich fordere die Wikipedianer auf, die neue Republik Spahnien bei Wikipedia einzubauen und unter »virtuelle Nation« zu listen. Sonst findet das keiner beim Googeln. Ach so, ich bin der alleinige Souverän, aber Sie können mich abwählen (Führerdemokratie). Mal gucken, wann ich Wahlen ansetze. Wenn mir danach ist, erstelle ich im nächsten Editorial noch eine Ewigkeitsklausel, die Artikel 1 schützt – sicher ist sicher.

Puh, genug regiert. Ich muss noch zum Basketballplatz, um meinen Flamingowurf zu verbessern. Dirk Nowitzki spielt wahrscheinlich seine letzte Saison und am Ende bleibt vor allem seine Wurftechnik. Sie ist schwer, weil man im Nachhintenfallen werfen muss. Ab und zu gelingt es mir, weil ich ganz gut bin.

***

Sinnvoll: Wir haben mittlerweile ein ganzes Flaggenbuch rausgebracht und die deutsche Flagge etwas umgedeutet. Diese drei Streifen werden auf Dauer langweilig.

JULI 2019

Editorial Heft N°14 – Autos plätten

Hätte es zu meiner Schulzeit schon »Fridays for Future« gegeben, wär ich da auch Montag, Dienstag, Mittwoch und Donnerstag hingegangen. Wochenende ist frei! Vielleicht wär ich durch die ganzen Fehlstunden nicht zur Uni gekommen, aber ich hätte mich auch nicht so mit den Lehrern quälen müssen, die meine Didaktikvorschläge nie annehmen wollten. Aber am Ende wär ich immerhin Weltretter gewesen. Was soll ich da mit Arbituhr?

Ich hätte es nicht akzeptiert, dass sich eine schwedische Demokollegin mit den Politikern trifft, die eigentlich durch meine Demo gestürzt werden sollen. Ich hätte es nicht akzeptiert, dass man mich lobt und dadurch wie einen Schüler und nicht wie einen echten Demonstranten behandelt. Und ich hätte meine geile Schülerdemo nicht angemeldet.

Am Anfang wären natürlich nur die ganzen Hintensitzer gekommen, die die Idee gut gefunden hätten, dass meine Demo fünf Tage pro Woche stattfindet. Aber spätestens nach drei Wochen wären die ordentlichen Schüler auch gekommen. Dadurch hätten die Hinterbänkler wieder die Zeit gehabt, etwas radikaler zu werden. Claus Offe (alter Politikwissenschaftler) hat schon vor 50 Jahren gesagt, eine politische Bewegung muss erstens organisationsfähig und zweitens konfliktfähig sein, um Erfolg zu haben.[1]

Demos alleine sind also nur Demos und noch nicht zwingend ein Konflikt, der eine Reaktion auslöst. Die Hintensitzer und ich hätten deshalb jetzt mit Phase zwei begonnen: Konflikte erzeugen. Das Gemeine ist, Schüler haben keine natürliche Konfliktfähigkeit. Wenn morgen alle Krankenschwestern streiken, sterben Tausende Patienten – Konfliktfähigkeit hoch. Wenn morgen alle Schüler streiken, passiert erst mal gar nichts – Konfliktfähigkeit null. Das ist das Problem. Deshalb hätten wir Probleme geschaffen, die zeigen, wie wichtig uns die Weltrettung ist. So:

1. Straßen sperren. Wir suchen uns die am stärksten mit Stickstoffdioxid belasteten Straßen der Stadt raus und blockieren die. Prenzlauer Allee? Blockiert! Leipziger Straße? Auch! Für die ganzen Eimer, die immer sagen, dass sie die Sache nur unterstützen, wenn dadurch keine Schule geschwänzt wird, nehmen wir Bänke und Stühle mit. Die Lehrer werden auch eingeladen. Unterricht findet jetzt auf der Straße statt. Wenn die Polizei kommt, sagen wir, Sie dürfen uns nicht wegschicken, wir müssen lernen und das ist wichtig.
2. Autos plätten. Wir bilden eine friedliche Einsatztruppe. Sie hat einen ganz einfachen Auftrag: Luft aus den dicksten Spritfressern lassen. Vor ein paar Jahren gab es in Berlin schon mal eine Ökogruppe, die das gemacht hat. Nachdem die Dinger auf den Felgen stehen, muss noch ein konstruktiv geschriebener Handzettel unter die Scheibenwischer: »Wir haben Ihre Räder geplättet. Kaufen Sie sich einen kleinen, spritsparenden Stadtwagen! Der reicht für die Stadt.«

Die ganze Sache hier ist im Konjunktiv geschrieben. Meine Demo hat nie stattgefunden. Denn ich komme aus der Generation Shakira. Wir hatten zwar höllisch gute Musik in der Schule, aber der gesamte Jahrgang war lahm und unpolitisch. Wenn er aber so politisch gewesen wäre wie die Schüler heute, dann hätte ich mich erstens angeschlossen und zweitens riesig darüber gefreut, wenn mir ein kaputter Chefredakteur eines sehr guten Kartenmagazins den eventuell strafbaren Tipp gegeben hätte, dass ich jetzt langsam konfliktfähig werden muss und dafür nicht mal Gewalt brauche. Sondern nur Mut, um Störaktionen durchzuziehen.

***

Bitte weitermachen!

---

1 Nachzulesen in: Offe, Claus: Politische Herrschaft und Klassenstrukturen. Zur Analyse spätkapitalistischer Gesellschaftssysteme, 1969.

OKTOBER 2019

Editorial Heft N°15 – Abnehmen mit Butter

Ich wollte Julius die Fresse polieren, nachdem er mir sagte, »Einfach nicht kratzen den Mückenstich, dann juckt er auch gar nicht erst«. Er ist einer von acht neuen Mitarbeitern, die ich im letzten Jahr bei KATAPULT eingestellt habe und derjenige, der wohl am meisten von sich überzeugt ist. Ich will den vollen Namen aus sozialen Gründen nicht nennen (oder doch: Julius Vincent Gabele). Was macht man mit so einem selbstherrlichen Vogel? Überlege jetzt schon seit zwei Monaten, wie ich wieder der Selbstverliebteste bei KATAPULT werde. Den besten Hinweis gab mir die Geschichte des Adolf H. aus B. Er ließ seine Gebäude dermaßen riesig bauen, dass sich Besucher darin grundsätzlich klein und verloren fühlten. Guter Trick.

Julius Vincent Gabele bekommt deshalb jetzt den größten Schreibtisch, den wir haben, und einen riesigen Bürostuhl mit hoher Rückenlehne, in dem er sich wie ein winziger Puschi vorkommen wird. Um den Effekt zu verstärken, setze ich mich daneben, hole mir einen Minischreibtisch und einen etwas zu kleinen Hocker, auf dem ich mich immer wie ein Riese fühlen werde. Tja Gabele, wer ist jetzt der Idiot?

Was ich eigentlich sagen will: Das KATAPULT-Team ist gewachsen und weil ich nicht mit jedem von denen (Julius Vincent Gabele!) in einem Raum sitzen will, brauchen wir unbedingt mehr Platz, der in unserer Stadt schwer zu bekommen ist. Greifswald ist etwa so wie Peking: total überlaufen. Der Hype ist echt. Alle wollen jetzt hier hin. Julius Vincent Gabele ist auch schon hergezogen. Insgesamt gibt es viele neue Bewohner, aber zu wenig Wohnraum. Unsere Leser aus Hongkong wissen längst, wovon ich rede: Es ist schlimmer als in Tokio.

Bedeutet: Wir müssen uns ein Grundstück kaufen und darauf ein Redaktionshaus bauen. Das kostet insgesamt etwa eine Million. KATAPULT hat 2018 nur 388.000 Euro Umsatz gemacht, aber dieses Jahr wird es schon über eine Million sein. Das ist viel und wir würden deshalb auch einen günstigen Kredit von einer Bank bekommen. Viel schöner wäre es aber, wenn wir den Kredit nicht über eine Bank, sondern über unsere Leser organisieren. Sollten Sie also in der Lage sein, uns einen Kredit (mindestens 100.000) auf drei bis acht Jahre mit symbolischem Zins anzubieten, melden Sie sich bei mir: fredrich@katapult-magazin.de. Ich gebe dann auch weitere Informationen raus und krieche Ihnen so weit wie nötig in den Arsch. Am Ende aber, und darauf kommts an, präsentieren wir alle Kreditoren auf einer Sonderseite im Heft als ewige Pioniere des KATAPULT-Magazins, wirklich! Ernsthafte Übernahmeangebote von großen Verlagen bekomme ich derzeit einmal pro Monat. Bitte melden Sie sich nicht mehr. KATAPULT ist KATAPULT. Wie lahm wäre das denn? Würde ich nie machen. Und wie geil wäre es stattdessen, wenn unsere idealistischen Leser uns finanziell begleiten? (Nett formuliert, oder?)

Vor drei Ausgaben habe ich an genau dieser Stelle kritisiert, dass es keine sinnvollen Quartett-Spiele gibt und deshalb angekündigt, ein Philosophenquartett zu drucken. Haben wir gemacht, knapp 5.000 Leute haben sich schon eins davon besorgt. Wir drucken nach. Viele von Euch haben sich gewünscht, auch andere Berufsgruppen zu einem Quartett zu verbasteln. Die meisten Wünsche gab es für Physiker, Literaten und für »unterschätzte Philosophen«. Die drei Spiele sind nun fertig. Wir layouten derzeit noch das Idiotenquartett (mit Gerhard Schröder und Kollegah, aber ohne Julius Vincent Gabele), das Künstlerquartett und das Musikerquartett (mit Mozart und Motörhead, aber ohne Kollegah). Falls Sie noch bessere Vorschläge für Spiele haben, einfach ne Mail an redaktion@katapult-magazin.de.

Bei KATAPULT gibt es einen Einheitslohn. Alle bekommen gleich viel Geld, bis auf eine neue Person, Christian »der ›sympathische‹ Programmierer« Hildebrandt. Er verdient das 1,5-fache (sympathisch!) und ist mindestens die Hälfte davon wert! Oder das Doppelte? Auf jeden Fall hat er zwei geniale Projekte umgesetzt. Das erste ist der Lesomat, bei dem Sie 30 Fragen beantworten müssen und danach angezeigt bekommen, welche Zeitung oder welches Magazin am besten zu Ihnen passt: www.lesom.at.

Bei mir gewinnt der Economist – gleich hinter KATAPULT. Senden Sie uns Ihr Ergebnis gerne an lesomat@katapult-magazin.de. Wir verlosen unter allen Teilnehmern ein KATAPULT-Buch.

Das zweite Projekt ist noch besser: Geografie. Gedächtnis. Malen. – Geschnallt? Sie sollen Länder (zum Beispiel Polen!) aus Ihrem Gedächtnis nachzeichnen und bekommen dann von unserem Programm angezeigt, zu wie viel Prozent Sie getroffen haben. Ich liege bei 65 Prozent, Julius Vincent Gabele bei 64 – schwach! Auch Sie sollten jetzt auf www.kartenolympia.de anfangen zu trainieren, denn in einigen Wochen beginnt die Weltmeisterschaft im Kartennachzeichnen. Veranstalter: KATAPULT. Veranstaltungsort: Greifswald und Internet. Preisgeld: 100.000 Cent. Wir laden alle Schulen und Universitäten ein, ihre Schüler zu zwingen, mitzumachen. Ohne Zwang macht die Sache nur halb so viel Spaß, habe ich mitbekommen. Probieren Sie das mal aus!

Seitdem ich Julius Vincent Gabele dazu zwinge, grundsätzlich alle unangenehmen Arbeiten bei KATAPULT zu erledigen, macht ihm die Arbeit auch wieder Spaß, das spüre ich. Ich bin zu beschäftigt für diese Arbeiten, weil ich irgendwie in ein Aquarium-Forum reingerutscht und in den letzten Monaten durch meine vielen Beiträge dort zum Topmitglied aufgestiegen bin. Komische Geschichte, ich hab ja nicht mal ein Aquarium.

Bevor ich abschweife: KATAPULT ist bereits das beste Torten- und Eisdiagrammmagazin Greifswalds, aber wir müssen uns jetzt ohne viel Druck (im Sinne von sehr viel Druck) zum größten Medienhaus entwickeln. Was wird passieren? Wir melden uns bei Tiktok an. Wat? Ja genau, falls Ihnen die Posts auf Facebook und Instagram zu lahm sind, laden Sie sich Tiktok runter und hängen mit

15-Jährigen und eben uns rum. Wir wissen schon ganz genau, was wir dort bei Tiktok machen werden: irgendwas mit Karten und Tanzen.

In den kommenden Semestern schmettern wir noch drei Bücher auf den Markt, eins davon ist für Kinder (die noch nicht bei Tiktok sind). Alle freuen sich darauf und ich habe gleich noch einen neuen Buchvorschlag: Als wir unser erstes Buch veröffentlicht hatten, landeten wir auf Platz zwei der deutschen Buchcharts. Hab mich kurz drüber gefreut und dann gesehen, wer vor uns war: »Abnehmen mit Brot und Kuchen«. Genial, oder? Abnehmen mit Brot und Kuchen hieß das Buch. Abnehmen! Mit Brot und Kuchen! Verstehen Sie? Abnehmen mit Sachen, mit denen man gar nicht abnimmt.

Ich schlage deshalb diesen Buchtitel vor: »Abnehmen mit Butter und dick Sahne obendrauf«. Die Leute kaufen alle Läden leer! Oder auch »Abnehmen mit Torten- und Eisdiagrammen«. Überzeugt? Sehr gut. Wenn Sie noch bessere Vorschläge haben, melden Sie sich doch einfach mal persönlich bei mir – und zwar über Twitter. Ich heiße dort ganz erhaben @BenniFredrich, habe 226 Follower mehr als @juliusgabele und werde dort demnächst alle meine Geheimnisse (auch Privates) veröffentlichen. Gucken Sie sich auch mal mein spezielles Hintergrundbild dort an. Das werden Sie nicht glauben. Wahrscheinlich werde ich für dieses selbstgemalte Bild sowieso wieder verklagt. Na gut, muss sich Gabele drum kümmern.

***

Unser Einheitslohn ist übrigens geblieben, obwohl meine Nachbarin nicht dran glauben wollte, dass wir das durchziehen. Es ist wirklich ganz angenehm. Niemand fragt mich nach Mitarbeiter:innengesprächen, niemand will mehr Gehalt. Warum nicht? Weil klar ist, was es heißen würde. Entweder alle oder keiner. Und wenn alle, dann brauchen wir eben auch mehr Einnahmen. So einfach ist das.

JANUAR 2020

Editorial Heft N°16 – Steigerung von scheiße

Mail kommt rein: »Lieber Herr Friedrich« – FRIEDRICH? – »Wir freuen uns, Ihnen mitteilen zu dürfen, dass Sie für den LeadAward nominiert worden sind.« – Lead Award, denke ich, kenne ich gar nicht. Frage in der Redaktion nach, was das ist. Redakteur Gabele kennt es und meint, das Ding ist voll anerkannt und in Hamburg. Außerdem futtern die das beste Essen. Ist n Argument, aber ein Benjamin Friedrichs bleibt in solchen Situationen erst mal skeptisch. Hamburch, denke ich dazu noch, das ist doch auch nur so ne Stadt.

Wat sacht Google? Der Lead Award ist einer der anerkanntesten deutschen Medienpreise. Die besten Medienmacher Deutschlands zeichnen die zukünftigen besten Medienmacher Deutschlands aus. Sehr schön. Aber ich wäre nicht der Medienmacher Benjamin Frädrichs, wenn ich nicht weiterforschen würde. Wer hat denn den Preis bisher so gewonnen? Zeit (gut), Süddeutsche (stark), Tagesspiegel (okay) und dann noch Bunte (hä?) und Bild am Sonntag (bidde?). Wie geht das denn zusammen?

Ich muss mich vertan haben. Wofür sollten Bunte und Bams denn Preise bekommen? Ich, Benjamin Fräderich, werde doch sicher nicht für einen Preis nominiert, den auch schon die Bild bekommen hat. Finde das Urteil der Jury im Netz: Die Chefredakteurin der Bams, Marion Horn, habe »einen neuen Ton in den Boulevard gebracht und aus der BamS eine relevante, ernstzunehmende Zeitung gemacht«. Muss den Satz dreimal lesen, bis ich ihn verstehe. Da steht, Horn habe die Bams zu einer ernstzunehmenden Zeitung gemacht. Sind die komplett bescheuert? Das schreibt die Jury einer der anerkanntesten deutschen Medienpreise? So was könnt ihr mir, Benjamin Fähnrich, doch nicht anbieten!

Na gut, vielleicht vertue ich mich ja und die Bams ist viel besser als die normale Bild. Lese Wikipedia-Eintrag zur Bams. Finde raus, die Bild am Sonntag wurde vom Deutschen Presserat mehrfach gerügt. Warum das denn? Gegen Achtung der Menschenwürde verstoßen, Schutz der Persönlichkeitsrechte verletzt und auch Diskriminierung – ganz normal. Verantwortlich war immer die Chefredakteurin Marion Horn. Der Ollen gebt ihr den Lead Award und jetzt soll ich den gleichen Preis bekommen? Puh, jeder weiß, dass ich Benjamin Fridolin heiße und das nicht gut finde.
Beruhige mich wieder. Sollen die doch machen, was sie wollen. Lese aus Neugier noch schnell, wie der Preis finanziert wird. Ergebnis: Wird von Großverlagen (toll!) und der Porsche AG finanziert. Beunruhige mich wieder. Suche Steigerung von »scheiße«. Finde keine. Großverlage geben sich selbst Preise. Leute, ihr seid scheiße.

Nach Relotius sollte alles anders werden. Die ganzen Preise sollten endlich abgeschafft werden und nu, was ist daraus geworden? Der neu aufgelegte Lead Award – ein Preis für Leute, die die Menschen-

PORS
GOLD
LEAD
AWARD
Benjamin
Frädrichs
KATAPULT
LD
BUMS

würde missachten und sich von Porsche das Geld quer reinschieben lassen – Glückwunsch! Wenn die Porsche AG der Bild gerne einen Preis geben will, finde ich das nicht mal überraschend. Aber was haben Zeit und Süddeutsche da verloren? Zusammen mit der Bild und Porsche auf einer Bühne – das ist ein Fehler. Raus da!

Konrad Adenauer wollte in den Fünfzigern übrigens ein Bundespressegesetz zur Kontrolle der Medien verabschieden. Damit das nicht passiert, versammelten sich damals zehn Verleger und gründeten eine eigene Kontrollinstanz – den Deutschen Presserat. Er ist bis heute machtlos, genauso, wie die Verleger es wollten. Wie viele Rügen die Bild vom Presserat bekommen hat, zeigt, wie schlecht die Bild arbeitet, aber es hat keine echten Auswirkungen. Warum eigentlich nicht? Für jede vom Presserat vergebene Rüge sollte eine Zeitung mindestens einen Euro Strafe pro verkauftem Exemplar bekommen und die Chefredakteure sollten pro Rüge zu mindestens einem Monat Sozialarbeit verurteilt werden!

Euer Menowin Fröhlich.

***

Ich bleib dabei. Preise sind scheiße. Vor allem wenn sich die Verlage gegenseitig welche geben. Wir wurden anschließend für den Grimmepreis nominiert oder so. Ich habe den auch abgelehnt, obwohl die Leute sehr nett waren. Das ist ein Dilemma. Das Team,

das solche Preise vergibt, besteht meistens aus ganz freundlichen, tollen Leuten. Die Preise werden dadurch aber nicht besser. Am Ende sind inhaltliche Entscheidungen immer wichtiger als soziale Erwünschtheit, auch wenn es schwerfällt, sympathischen Leute abzusagen oder ihnen direkt mitzuteilen, dass man die Sache, für die sie arbeiten, irrelevant und beschissen findet. Das ist schwer, aber es ist wichtig.

Es gibt aber eine Hilfe bei diesem Dilemma. Sie heißt Greifswald. Diese sonst von Verlagen komplett befreite Stadt macht es einem leichter, sich hart und ehrlich gegenüber anderen Medienmenschen zu verhalten. Wir kennen kaum Leute aus der Branche und ich empfinde das als Vorteil. KATAPULT bleibt durch Greifswald und den sehr, sehr langen Weg (mit kaputter Autobahn!) nach Greifswald Außenseiterin. Ein befreiendes Gefühl.

16. FEBRUAR 2020 – FREDRICH RASTET AUS

Die Süddeutsche klaut systematisch von KATAPULT

Die Süddeutsche Zeitung kopiert Inhalte von KATAPULT, gibt es offen zu und macht dann ein selbstgefälliges Angebot. Unser Chef rastet aus!

Julius Gabele tippt mir auf die Schulter und sagt: Guck ma, Benni, die haben haargenau unseren Zahlenvergleich veröffentlicht. Ich denk, ja gut, kann mal passieren. Ist Zufall oder kopiert – jeder klaut hier und da mal ne Idee. Haben wir auch schon gemacht. Solange das nicht ständig passiert, müssen wir das aushalten. Gabele gibt nicht auf: Hier sind noch sechs – alle komplett von uns übernommen, alle ziemlich neu und zudem unsere stärksten Veröffentlichungen in dem Zeitraum.

In der Kommentarspalte schreiben einige Leser sowas wie: »Geklaut von Katapult« oder »Scheißvergleich und zudem von Katapult«. Okay, das ist peinlich für die Süddeutsche, aber das kann passieren. Irgendein Redakteur hat seine Recherche nicht ganz so ernst genommen, keine eigenen guten Einfälle und seinem Ressortleiter nicht gesagt, woher er die ganzen Ideen hat. Das ist sicher schnell geklärt.

ORIGINAL
KATAPULT-Magazin
19. September 2018

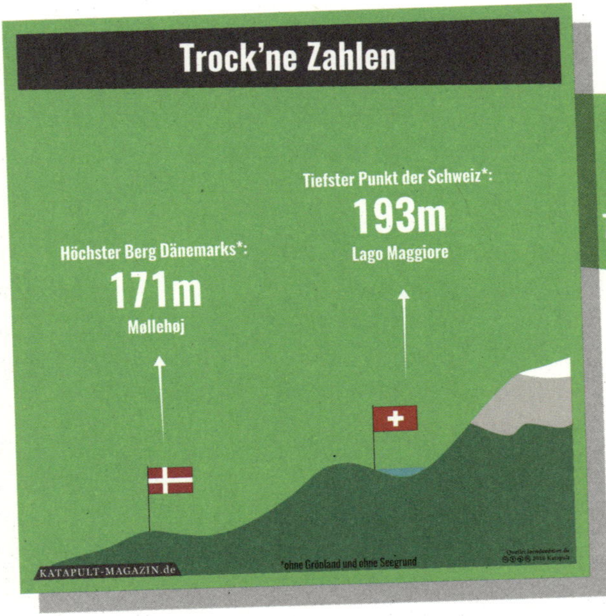

KOPIE
Süddeutsche Zeitung
25. Januar 2020

Quelle: Instagram

Süddeutsche gibt die Kopien zu

Ich schicke ne Mail an die Süddeutsche. Antwort kommt noch am gleichen Tag vom verantwortlichen Redakteur für die Wochenendausgabe, Christian Weber heißt er. Antwort: Ja, »einige Ideen kommen tatsächlich vom Katapult-Magazin«, insgesamt »sechs« Stück und anscheinend auch »in den letzten Wochen«. – Keine Ahnung, ob das stimmt. Unserer Meinung nach waren es mehr. Egal. Weber ist ein aufrichtiger Journalist! Aber warte kurz: Was steht da zum Schluss noch? Er schreibt im letzten Absatz, die Zahlen seien von KATAPULT »inspiriert«. – Echt jetzt? Inspiriert?! Die sind astrein kopiert, Christian Weber!

Jetzt kommts aber erst: Als Lösung schlägt er vor, uns zukünftig als Quelle zu nennen. Mir fällt der Kopf auf den Tisch – ist das traurig. Denn: KATAPULT ist in dem Fall keine Quelle, wirklich nicht. Wir haben Ideen, wie man verschiedene Quellen gut zusammenbasteln

Quelle: Instagram

kann – das ist unsere Leistung, jedenfalls für die Rubrik »Trock'ne Zahlen«. Aber wir werden dadurch nicht zur Quelle.

Na gut, ich antworte Herrn Weber noch mal und schreibe, dass wir keine Quelle sind, dass wir manchmal Tage brauchen, bis uns ein guter Vergleich einfällt, und dass die Süddeutsche diese Arbeit einfach überspringt, wenn sie von uns klaut. Ich schreibe ihm außerdem, dass eine Eins-zu-eins-Übernahme von Inhalten selbst von den eigenen SZ-Lesern bemängelt wird und die planmäßige Ausbeutung der Inhalte eines Konkurrenten unter unlauteren Wettbewerb fällt und somit auch rechtlich angreifbar ist.

Weber antwortet und bekundet Verständnis für unsere Arbeit. Top Mann! Aber warte kurz, was schreibt er dann? Einen Gegenangriff: Er meint jetzt, dass wir, also KATAPULT, Inhalte von ihnen und anderen Medien geklaut hätten. Steht das da echt? Kopf fällt wieder auf Tisch, mir wird übel. Ich meine, wir haben doch die Veröffentlichungsdaten. Weber legt noch einen drauf und behauptet schließlich sogar, dass wir unsere gesamte Rubrik »Trock'ne Zahlen« von der Süddeutschen Rubrik »Unterm Strich« abgekupfert hätten.

Spannend, oder? Gucken wir mal nach, wann die ersten Veröffentlichungen von »Unterm Strich« zu finden sind. Als ältesten Beitrag[1] finden wir einen aus dem Juni 2018. Davor gab es noch die Serie »Äpfel mit Birnen«, beginnend[2] im Januar 2018. Seit wann gibt es denn eigentlich unsere KATAPULT-Rubrik »Trock'ne Zahlen«? Genau. Seit März 2015.

Es gibt zwei Möglichkeiten. Entweder Herr Weber beweist, dass die Rubrik »Unterm Strich« schon älter ist als fünf Jahre, dann bleibt es lediglich dabei, dass er mit seinem Gegenangriff ein Donald-Trump-Ablenkungsmanöver gestartet hat, oder er kann es nicht beweisen. Dann weiß ich auch nicht mehr, wo genau seine restliche Glaubwürdigkeit baumelt.

Das Allerdöllste kommt aber noch. Zum Schluss bietet uns Christian Weber großmütig an, mit ihm zu kooperieren und mal eine Doppelseite für die Süddeutsche zu machen. Kopf, Tisch, kotzen!

»Wie wäre es denn, wenn Sie mal eine spannende Infografik-Doppelseite für uns machen würden, wenn Sie eine gute Idee haben? Wenn Sie das interessiert, müsste ich allerdings noch die Meinung unserer Art Directors einholen.«

Was für ein überhebliches A… ngebot. Soll uns das jetzt ehren? Ich habe ein ernsthaftes journalistisches Problem, will das beheben und ein leitender Redakteur der Süddeutschen möchte nichts an seinem Fehlverhalten ändern und reicht mir stattdessen seine schleimige Schleimhand. Die Süddeutsche Zeitung ist eine der wichtigsten Zeitungen Europas, ich bin Süddeutsche-Leser, hatte bisher auch geschäftlich nur positiven Kontakt, aber das hier muss ich in aller Freundlichkeit klarstellen:

Ficken Sie sich schwer ins Knie, Herr Weber! Ich veröffentliche Ihre volle Peinlichkeit, Ihr journalistisches Unverständnis darü-

ber, eine Quelle von einer Idee nicht unterscheiden zu können, und Ihre systematische Übernahme unserer Werke. Und nein, wir machen Ihnen keine Grafikseite in der Süddeutschen Zeitung.
Wir machen: Das KATAPULT-Magazin!

***

Der Artikel brauchte nur kurz, um seine Wirkung zu erzielen. Die Süddeutsche stellte die gesamte Rubrik noch am selben Tag ein.

---

1 Süddeutsche Zeitung: Niedrigste und höchste überlebte Temperatur eines Tieres, auf: facebook.com (10.6.2018).

2 Süddeutsche Zeitung: ÄPFEL MIT BIRNEN, auf: facebook.com (5.1.2018).

17. FEBRUAR 2020 – STELLUNGNAHME

Süddeutsche Zeitung stellt Rubrik »Unterm Strich« ein

Wir haben der Süddeutschen Zeitung vorgeworfen, systematisch von KATAPULT zu klauen. Die Süddeutsche bezieht Stellung und stellt ihre Zahlen-Rubrik »Unterm Strich« ein.

Stellungnahme der Süddeutschen Zeitung vom 17.02.2020 um 15:33 Uhr per Mail zu unserem Vorwurf[1]:
»Seit 2017 erscheint auf den Wochenendseiten im Ressort Wissen der Süddeutschen Zeitung eine wöchentliche grafische Kolumne mit dem Titel »unterm Strich«. Darin werden zwei Zahlen verglichen und mit einer Zeichnung versehen. Der betreuende Redakteur hat die allermeisten Zahlen für die Kolumne selbst aus Originalquellen recherchiert. In insgesamt rund einem halben Dutzend Fällen hat der Kollege einen Zahlenvergleich aus dem KATAPULT-Magazin übernommen. Wir bedauern das. Auch wenn das vergleichsweise wenige Fälle sind, darf die Arbeit anderer Redaktionen nicht ohne Absprache oder Kooperationsvereinbarung übernommen werden. Mit sofortiger Wirkung wird daher die SZ-Kolumne »unterm Strich« eingestellt und demnächst durch ein anderes Format ersetzt.«
(Patrick Illinger, Ressortleiter Wissen)

Für die KATAPULT-Redaktion ist die Sache damit erledigt.

***

Am Ende tat mir das leid, aber es ging auch nicht anders. Wir mussten viele Kommentare in den sozialen Medien löschen, in denen die Kommentator:innen mehr und weniger zynisch danach fragten, ob der Redakteur denn durch sein Verhalten jetzt seinen Job verloren habe. Das geht natürlich zu weit und vielleicht wäre es doch anders gegangen. Ich habe ja durchaus versucht, die SZ zu schützen und vorher zu kontaktieren, leider ohne Erfolg. Kritisch finde ich im Nachhinein dennoch meine Entscheidung, den Namen des Redakteurs im Artikel zu nennen. Ohne die Nennung wäre der Artikel genauso stark gewesen. Der Redakteur ist zwar eine öffentliche Person, man kann ihn also rechtlich gesehen durchaus auch nennen, aber wenn ich davon gar keinen argumentativen Vorteil habe, kann ich es auch lassen.

Ich bin bis heute Leser dieser Zeitung. Wir hatten tatsächlich vor diesem Vorfall eine Kooperation mit der Süddeutschen und eine weitere in Planung. Beide wurden letztendlich eingestellt. Verständlich. Wir hatten die Leute von der SZ auf der Buchmesse in Leipzig kennengelernt. Damals waren wir noch superklein und hatten einen Vier-Quadratmeter-Kleinststand. Wir suchten trotzdem sofort nach Möglichkeiten der Zusammenarbeit. Anzeigentausch, gemeinsame Projekte gegen Extremismus. Daraus wurde am Ende nichts mehr. Ich hatte nie wieder geschäftlichen oder journalistischen Kontakt zur Süddeutschen, aber sie zählt weiterhin zu meinen meistgelesenen Zeitungen!

Die SZ hat komplett anders reagiert als später Hoca[2]. Mir erschien die Einstellung der gesamten Rubrik zunächst überzogen, aber mir wurde klar, warum es keine andere Option gab. Die Öffentlichkeit war klar auf unserer Seite. Das heißt, egal, was in der Folgezeit in dieser Rubrik gepostet worden wäre, die Leute hätten der SZ immer wieder in die Kommentarspalte geschrieben, dass es von KATAPULT geklaut sei – wahrscheinlich auch dann, wenn es gar nicht stimmt. Die Rubrik war verbrannt. Sie war nicht mehr zu retten. Das Krisenmanagement der SZ ist beachtlich und vor allem weitsichtig. Die Sache war danach gegessen. Der Ruf der Süddeutschen blieb einigermaßen unbeschadet.

Hoca hingegen wird die Story mit dem Eierbuch und dem neuen Eierbuch-Prinzip nie wieder loswerden. Durch das Nichtreagieren wurde die Sache nie aufgelöst. Sie haben sich also dafür entschieden, die 142.000 Euro, die sie in etwa mit dem Buch gemacht haben, mitzunehmen und auf ihren Ruf keinen Wert zu legen. Das war auch für die beiden Buchplagiatoren sehr unangenehm, wie sie selbst verkündeten. Wahrscheinlich hat die SZ die bessere Entscheidung getroffen und ich hoffe, dass KATAPULT auch nach dem Süddeutsche-Prinzip reagieren wird, wenn die Sache mal eindeutig gegen uns laufen sollte.

Wie geht das? Kurz und schmerzvoll: Fehler zugeben, Feld räumen, Ruf behalten. Respekt.

---

1 Fredrich, Benjamin: Die Süddeutsche klaut systematisch von Katapult, auf: katapult-magazin.de (16.2.2020).

2 Verlag Hoffmann und Campe. Die Hintergründe findet ihr ab Seite 100.

22. MÄRZ 2020 – PAYWALL FÜR CORONA-ARTIKEL

Geld oder abkratzen

Ich bin so sauer, dass es mir schwerfällt, traurig zu sein. Meine Nachbarin meint, ich solle traurig sein, aber in Wirklichkeit bin ich wütend. Warum? Deutsche Zeitungsverleger verlangen weiterhin Geld für wichtige Corona-Artikel. Das ist extrem unverantwortlich!

Dieser Artikel hatte bereits zwei Entwürfe, die wir nicht veröffentlicht haben. Meine Nachbarin meinte, sie wären zu aggressiv formuliert gewesen. Ich könne nicht ständig andere Medien beschimpfen. Das stimmt natürlich, aber es fällt mir derzeit unfassbar schwer, diese deutsche Medienbranche zu akzeptieren.

Die wichtigsten US-Medien haben schon vor Wochen entschieden, ihre Paywall für Corona-Inhalte abzureißen. Die aktuelle Situation erfordere einen breiten Zugang zu genauen Berichten und präzisen Analysen, schrieb beispielsweise Jeffrey Goldberg, Chefredakteur von »The Atlantic«.[1] Deutsche Medien wollen das nicht. Wie können sie solch harte Fehlentscheidungen treffen? Ist das noch unverantwortlich oder schon unmenschlich?

Die »Welt« verbirgt folgende Artikel hinter einer Paywall, das heißt, Menschen können diese Artikel erst lesen, wenn sie dafür bezahlen:

1. Was jeder in Deutschland wissen sollte[2]

2. Soziale Kontakte meiden, warum das jetzt entscheidend ist[3]

3. Bei diesen Symptomen sollten Eltern aufpassen[4]

Die Artikel scheinen wichtige Informationen zu enthalten – herausfinden kann das nur, wer bezahlt. Viele Verleger sammeln derzeit auf diese Weise Abos und die »Welt« ist mit diesem Verhalten nicht allein. Die meisten deutschen Medien und vor allem auch viele Lokalblätter verlangen für ihre Corona-Artikel Geld. Dabei profitieren sie ohnehin schon von der Corona-Krise. Denn der Medienkonsum der Bevölkerung ist gestiegen. Jeder Corona-Inhalt bekommt Aufmerksamkeit. Leute kommentieren, liken, klicken auf Artikel, lesen länger als sonst.

KATAPULT hatte den Vorwurf[5], dass Medientreibende gerade jetzt ihren Informationsvorsprung ausnutzen, schon vor ein paar Tagen veröffentlicht. Mitarbeiter anderer Verlage haben sich daraufhin bei mir gemeldet. Wie waren die so drauf? Alle empört. Von Mal zu Mal wurde ich trauriger – und auch wütender. Ihre Argumente lauteten in etwa so:

Journalismus kostet nun mal!
Ihr verlangt doch für KATAPULT auch Geld!
Verkauft der Bäcker seine Brötchen jetzt auch umsonst?

Einerseits ist die Dummheit, die sich in meinem Mailpostfach sammelt, schwer zu ertragen, andererseits soll ich nicht immer andere

Medien beschimpfen. Fakt ist, Medien sind von der Corona-Krise nicht betroffen. Ganz im Gegenteil, sie profitieren davon. Noch viel wichtiger ist, dass Journalismus – ganz genau betrachtet – derzeit eine der wichtigsten Berufsgruppen ist. Er klärt auf, wirkt Massenpaniken entgegen, gibt wichtige Verhaltenshinweise. Das ist entscheidend, um beispielsweise ein Social Distancing massenhaft durchzusetzen. Das rettet Leben.

Ja, Journalismus kostet Geld, aber überlebenswichtige Informationen gegen Geld einzutauschen ist nicht nur dreist: Es ist Erpressung. Ja, wir verlangen auch Geld für das gedruckte KATAPULT-Magazin. Wären darin wichtige Corona-Artikel, wären sie online schon lange frei zugänglich!

Erste Verlage melden, wegen der Corona-Krise Kurzarbeit einführen zu wollen. Diese Erzählung ist unglaubwürdig. Viele von ihnen sind schon seit Jahrzehnten in der Krise. Sie nutzen die derzeitige Lage als Argument, um nicht zugeben zu müssen, dass sie bereits seit Ewigkeiten Leser verlieren und eigentlich nicht mehr rentabel sind.

Verleger haben zwei Ziele. Erstens, größtmögliche Aufklärung. Zweitens, Geld machen, eigenen Wohlstand sichern.

Manche versuchen beides und das ist derzeit ein Problem, denn das erste Ziel leidet durch das zweite: Menschen könnten aufgrund schlechter Aufklärung sterben. Ja, einigen Verlagshäusern geht es schlecht. Ja, einige Verlagshäuser sind auf ihre Paywall an-

PAY THE
WALL

gewiesen. Aber wie langsam muss ein Gehirn rechnen, das nicht versteht, welche gesellschaftliche Bedeutung Journalisten gerade haben?

Ihr seid auf der Suche nach Geld bereits so stumpf geworden, dass ihr nicht mehr merkt, wie wichtig eure Arbeit für die Gesellschaft ist. Wer eure Informationen nicht bezahlen kann, holt sie sich womöglich auf Fake-News-Seiten. Euer Beruf ist einer der relevantesten, aber ihr handelt so, als wärt ihr Haarspray-Tester.

Einer höchst verunsicherten Bevölkerung in einer schweren Krise Abos aufzuzwängen, ohne die sie wichtige Informationen nicht schnellstmöglich bekommt, ist unmenschlich.

Derzeit müsst ihr einfach abliefern, sonst nichts. Dabei dürft ihr sogar eine gute Figur machen, das Scheinwerferlicht gehört euch. Ihr habt genau jetzt die Möglichkeit, der Bevölkerung das Vertrauen in den Journalismus zurückzugeben. Und wenn ihr dabei Gehälter kürzen müsst, gehts euch immer noch besser als vielen anderen, die entweder gar kein Einkommen mehr haben oder gerade abkratzen – weil die große Masse schlecht informiert war!

Ein paar weitere traurige Beispiele, falls wieder jemand mit dem Argument kommt, es handele sich nicht um die wichtigen Artikel:

- Corona-Liveticker: 140 Infizierte in Leipzig, 650 in Sachsen (LVZ)[6]

- Corona-Liveticker: Die Lage in Hannover und Niedersachsen (HAZ)[7]
- Tirol: In Ischgl verbreitet sich das Virus und Tirol schaut zu (Die Zeit)[8]
- Ausnahmezustand: Apocalypse, not now (Die Zeit)[9]
- Liveblog zur Corona-Krise: Das ist die Lage in Schleswig-Holstein am Sonntag (Lübecker Nachrichten)[10]
- Aus Liebe zum Nächsten: Abstand halten in der Corona-Krise! (Lübecker Nachrichten)[11]
- Corona in Deutschland: Demokratie in Not (Süddeutsche)[12]
- Mobiler Pflegedienst – »Ich kann keinen Abstand halten« (Süddeutsche)[13]
- Corona und Von der Leyens Krisenpolitik: Machtlos in Brüssel (Spiegel)[14]
- Corona-Vorbereitungen einer Berliner Ärztin: »Kein Material, kaum Richtlinien, kein Geld« (Spiegel)[15]
- Wer ist Christian Drosten?: Ein Virologe wird zum Hoffnungsträger (FAZ)[16]
- Deutsches Gesundheitssystem: Patient stabil, Prognose düster (FAZ)[17]
- Corona-Krise in Düsseldorf: Diese Restaurants liefern ihr Essen aus (Rheinische Post)[18]
- Blutspenden in der Corona-Krise: OZ-Reporter macht den Selbsttest (OZ)[19]
- Corona, Gold und Marktmanipulation:
Diese Verschwörungstheorien erschüttern die Finanzwelt (Wirtschaftswoche)[20]

- Corona-Pandemie: Wie ein Land den Ernstfall verlernte (Wirtschaftswoche)[21]
- Die Region im Ausnahmezustand – das müssen Sie jetzt wissen (HAZ)[22]

***

Hat es eigentlich was gebracht? Haben Lokalzeitungen während der Pandemie mehr Abos bekommen? Nein. Ihre Auflagen sind weiterhin stark gesunken. Die Leute abonnieren das alles nicht mehr, weil sie solche Medien insgesamt eher ablehnen. Für ein Abo muss man nicht nur die Inhalte, sondern auch das Unternehmen dahinter mögen. Viele Lokalzeitungen gehören zu großen Konzernen wie Madsack, Ippen und Funke. Diese stehen im Großen und Ganzen für eine altbackene Unternehmenskultur, die sich nicht mehr traut, irgendetwas zu verändern, zu experimentieren, zu verbessern. Sie gucken dem Untergang der Lokalzeitungen tatenlos zu und rechnen sich aus, ob das ganze System noch irgendwie bis zur eigenen Rente reicht. Das ist einigermaßen demokratiegefährdend, weil politisch-gesellschaftliche Einordnung und Faktenüberprüfung auf lokaler Ebene wichtig sind. Sie erhöhen die Wahlbeteiligung und bauen Vorurteile ab.

1 Hopkins, Kathryn: Magazines Lift Paywalls on Coronavirus Content, auf: wwd.com (17.5.2020).

2 Hollersen, Wiebke: Was jeder in Deutschland wissen sollte, auf: welt.de (11.3.2020).

3 Pfahler, Lennart: Soziale Kontakte meiden – Warum das JETZT entscheidend ist, auf: welt.de (13.3.2020).

4 Heinemann, Pia: Bei diesen Symptomen sollten Eltern aufpassen, auf: welt.de (20.3.2020).

5 Fredrich, Benjamin: Entfernt endlich eure Paywall für Corona-Artikel!, auf: katapult-magazin.de (15.3.2020).

6 Leipziger Volkszeitung (Hg.): 15.000 Corona-Fälle in Leipzig +++ 427 Menschen starben in einem Jahr, auf: lvz.de (2.3.2021).

7 Hannoversche Allgemeine Zeitung (Hg.): Corona-Liveticker: Die Entwicklungen in Hannover und Niedersachsen zum Nachlesen, auf: haz.de (26.6.2020).

8 Achermann, Barbara; Gasser,Florian; Machowecz, Martin: In Ischgl verbreitet sich das Virus und Tirol schaut zu, auf: zeit.de (18.3.2020).

9 Ulrich, Bernd: Apocalypse, not now, auf: zeit.de (18.3.2020).

10 Lübecker Nachrichten (Hg.): Corona-Liveblog: Die Entwicklungen in Lübeck und im Norden zum Nachlesen, auf: ln-online.de (5.7.2020).

11 Lübecker Nachrichten (Hg.): Aus Liebe zum Nächsten: Abstand halten in der Corona-Krise!, auf: ln-online.de (22.3.2020).

12 Zielcke, Andreas: Die gehorsame Gesellschaft, auf: sueddeutsche.de (22.3.2020).

13 Beitzer, Hannah: »Ich kann keinen Abstand halten«, auf: sueddeutsche.de (22.3.2020).

14 Becker, Markus u. a.: Von der Leyens Krisenpolitik - Machtlos in Brüssel, auf: spiegel.de (20.3.2020).

15 Polonyi, Max: Corona-Irrsinn in einer Berliner Hausarztpraxis - 70 Patienten in dreieinhalb Stunden, auf: spiegel.de (20.3.2020).

16 Schaaf, Julia: Ein Virologe wird zum Hoffnungsträger, auf: faz.net (22.3.2020).

17 Geinitz, Christian; Mihm, Andreas: Patient stabil, Prognose düster, auf: faz.net (21.3.2020).

18 Katsogridakis, Vassilios; Lodahl, Holger: Corona-Krise in Düsseldorf - Diese Restaurants liefern ihr Essen aus, auf: rp-online.de (23.3.2020).

19 Ostsee Zeitung (Hg.): Blutspenden in der Corona-Krise: OZ-Reporter macht den Selbsttest, auf: ostsee-zeitung.de (22.3.2020).

20 WirtschaftsWoche (Hg.): Diese Verschwörungstheorien erschüttern die Finanzwelt, auf: wiwo.de (15.3.2020).

21 Kuhn, Thomas: Wie ein Land den Ernstfall verlernte, auf: wiwo.de (21.3.2020).

22 Hannoversche Allgemeine Zeitung (Hg.): Die Region im Ausnahmezustand – das müssen Sie jetzt wissen, auf: haz.de (16.3.2020).

APRIL 2020

Editorial Heft N°17 – 0 bis 30 Prozent

Der Focus schreibt mir ne Mail. Er ist mit unserer Berichterstattung nicht so zufrieden. Noch ne Mail. Diesmal vom Spiegel. Er ist mit unserer Berichterstattung nicht so zufrieden. Springer ruft an, auch nicht so zufrieden. Die taz schreibt über Twitter, Unzufriedenheit. Aber: Alle sind freundlich. Worum geht's eigentlich?

KATAPULT veröffentlichte in der letzten Ausgabe, welche großen Magazine und Verlage auf Recyclingpapier drucken und welche Klimaneutralitätszertifikate kaufen. Das Ergebnis: Die vier genannten Verlage machen wenig bis nichts. Viele andere versagen ebenfalls. Das ist faktisch auch alles korrekt so. Woran sich die Medienhäuser aber stören, ist die grundlegende Stimmung unserer Darstellung. Denn sie würden sich durchaus für das Thema interessieren, so ihre Kritik. Das hätten wir im Artikel vermerken müssen, meinen sie.

Sehr gut, Leute, das ist besser als nichts. Wenn ich es aber genau nehme, ist es eigentlich doch wieder nichts, oder? Also im Sinne von überhaupt nichts. Interesse am Umweltschutz ohne Umsetzung von Umweltschutz schützt die Umwelt zu 0,0 Prozent. Der Focus schreibt, es gebe Überlegungen, den Ökostromanteil auf 100 Prozent anzuheben. Danach hatten wir zwar gar nicht gefragt, aber ÜBERLEGUNGEN? Das Papier bestehe außerdem zu 0 bis 30 Prozent aus Recyclingpapier. Gut, wa? Habe direkt neuen Mitarbeiterwitz ausprobiert und angekündigt, dass ich das nächste Gehalt zu 0 bis 30 Prozent überweise. Ich fand's witzig, die anderen zu 0 bis 3 Prozent. Schade!

Die Verlagsmitarbeiter, die sich bei mir gemeldet haben, wirkten aufrichtig, und ich glaube auch, dass die Vorhaben ernst gemeint sind. Beim Spiegel wurden sogar die ersten kleinen Magazine auf Recyclingpapier umgestellt. Der große Spiegel soll ab Ende 2020 folgen. Was ich aber denke: Kein Verlag ist so volle Sau dabei, sein Unternehmen ökologisch umzustellen. Die meisten machen das Nötigste, um bei unangenehmen Fragen antworten zu können, hier und da gibt es eine radikale, alle Probleme lösende »Überlegung«.

Das reicht nicht. Weder für die Umwelt, noch für die Leser dieser Magazine. Denn diese interessieren sich nicht nur für Inhalte, sondern auch für das Unternehmen hinter dem Inhalt. Da bin ich mir zu 0 bis 100 Prozent sicher.

Ich formuliere diesen Text hier extra zart, weil ich eigentlich niemanden bei seinen »Überlegungen« verschrecken will. Aber, liebe Verlage, ihr könnt jetzt etwas schneller in die Gänge kommen. Ihr habt Hunderte starke Artikel aus dem eigenen Haus darüber, wie man den Klimawandel bremsen könnte, lest sie und setzt die Scheiße einfach um!

Das hier ist die 17. KATAPULT-Ausgabe. Die erste, die auf Recyclingpapier gedruckt wurde. Wie fühlt sich das so an? Ganz genau. Fühlt sich an, als wären wir 16 Ausgaben zu spät! Mein Fehler. Falls Ihnen das Papier nicht hell genug ist, denn das ist die große Sorge der Verlagsbranche, ändern Sie einfach Ihre Meinung! Nur n Tipp von mir.
Warum wir das Heft nun so drucken und einen Wald pflanzen, steht in der vorigen Ausgabe. Wie ist der Stand? Wir pflanzen den großen KATAPULT-Wald noch in diesem Jahr. Bisher gibt es drei Möglichkeiten. Erstens, mit der Uni Greifswald kooperieren, sie hat viel Land! Zweitens, mit der Stadt Greifswald kooperieren, sie hat viel Land! Was will man mehr? Drittens, wir haben ein privates Grundstück im Auge. Einen schönen Acker. Preis ist gut. Wir werden alle drei Möglichkeiten wahrnehmen!

Zwischendurch wollten wir schon direkt loslegen, auf einem Grundstück in Wusterhusen bei Greifswald. Alles war startklar. Aber auf diesem Stück Land hatte sich bereits ein kleines Gewässer gebildet. Gräser, junge Bäume, Kröten und Frösche haben sich das Land dort bereits selbst zurückerobert und dabei wollen wir nicht stören, nur um einen selbstgepflanzten Wald vorzeigen zu können. Ich schreib das extra auf, weil diese Art des Scheiterns (das eigentlich keins ist!) zum Naturschutz gehört. Wir brauchen kein Biotop zu zerstören, um ein neues aufzubauen!

100.000 Euro hat KATAPULT für den Wald eingeplant. Jetzt kommt's aber erst: Ihr (KATAPULT-Leser) habt bisher 602 Bäume (19.866 Euro) zusätzlich gespendet. Wir stehen also bei 119.866 Euro. Wahnsinn! Hab ich mir genau so gedacht. Aber dass ihr das auch einfach so macht, ist doll! Jeder Spender muss natürlich größtmöglich geehrt werden. Auf der nächsten Seite findet ihr den Forest of Fame mit allen Spendernamen! Ich lese mir einmal pro Woche jeden einzelnen laut vor und merke mir bald alle!

***

Verbietet endlich Frischpapier!

Es sollte eigentlich nur eine Recherche über Recyclingpapier werden. Am Ende haben wir die gesamte Produktion von KATAPULT auf den Kopf gestellt. Seitdem drucken wir auf Recyclingpapier und ich kritisiere bis heute, dass andere Medien kaum Interesse daran haben, das auch zu machen. Es gibt kaum Bewegung auf diesem Gebiet. Ja, die Verfügbarkeit des Recyclingpapiers ist manchmal nicht sehr stabil, aber genau das ist das Problem. Wenig Nachfrage schafft wenig Produktion, also sind die Händler schnell mal ausverkauft, wenn zwei, drei Verlage Recyclingpapier anfragen. Es gibt zwei Möglichkeiten, das Problem zu lösen. Die schwache zuerst: Verlage müssten mehr Recyclingpapier nachfragen. Die Produktion würde erhöht, das Problem gelöst. Der Haken an der Sache ist, dass es nicht passieren wird. Der Markt regelt es in dem Bereich leider nicht.

Deshalb bin ich klar für eine politische, eine starke Variante: Frischpapier muss eine Sondersteuer bekommen. Das kann sowas wie eine Umweltabgabe sein. Wer die Umwelt ohne Not belastet, sollte dafür wenigstens bezahlen müssen. Das wird aber in dem Fall gar nicht passieren. Die Verlage werden von alleine auf Recyclingpapier umsteigen, wenn Frischpapier teurer ist. Das ist nämlich der Punkt, an dem der Markt dann wieder funktioniert. Wenn man sieht, wie verzweifelt einige Verlage versuchen, Buchbestseller zu kopieren, wird klar: Niemand interessiert sich für Ökologie. Die meisten Hirne von Verleger:innen kennen nur Ökonomie – leider.

Wir haben neben dieser Entscheidung eine weitere getroffen. KATAPULT pflanzt einen Wald. Unsere Lesenden haben dafür bereits mehrere Zehntausend Euro gespendet. Wir haben ein Grundstück in Greifswald gekauft und sind in den Elisenhain gegangen – Bucheckern sammeln. Heute stehen bereits die ersten selbstgezogenen KATAPULT-Bäume in unserer 600-Quadratmeter-Baumschule. Die größten sind bereits über zwei Meter hoch. Bald kaufen wir einen Acker und bringen unsere Setzlinge raus. Warum einen Acker? Weil Ackerböden einigermaßen tot sind. Das Potenzial, dort die Ökobilanz zu verbessern, ist also besonders hoch. Wir werden oft gefragt, ob wir denn nicht auch ein Moor anlegen wollen. Die Antwort kann man in nur einem Wort ausdrücken: Ja.

JULI 2020

Editorial Heft N°18 – Zeit-Autoren kopieren gesamtes KATAPULT-Buch

Lässi-lässig und poppig! – so sollen diese Texte hier sein. Hab ich das geschafft? Am Anfang schon, doch mittlerweile habe ich mich verwandelt. Bin aggressiver geworden. Überlege deshalb, diese Rubrik nicht mehr »Editorial«, sondern »Fredrich rastet aus« zu nennen. Grund: Die Idiotenquote in der Verlagswelt ist dermaßen hoch, dass ich ständig darüber berichten muss. Neuer Höhepunkt: Ein Verlag aus Hamburg hat Autoren des renommierten Zeitverlags beauftragt, unsere Karten samt Layout zu kopieren und daraus ein Buch zu machen, dessen Cover sogar haargenau so aufgebaut ist wie das von unserem Buch. Hart, oder?

Damit kann man Millionen Scheine verdienen und jetzt kommt's: Die Knüller von der renommierten »Zeit« haben den Auftrag wirklich angenommen. Die KATAPULT-Kopie liegt jetzt im Buchhandel direkt neben unserem originalen KATAPULT-Buch – sehr schmerzhaft. Ich meine das wirklich ernst, Leute, ich habe keine Lust auf diese zerstörerischen Artikel und ich versuche neuerdings auch, bessere Schimpfwörter zu benutzen, aber wir haben uns hier mühselig einen kleinen Verlag in Greifswald aufgebaut, der regelmäßig von den ganz Großen kopiert wird. Dabei ist eines für mich ganz klar: Egal wie mächtig sich diese Konzerne fühlen, wer uns in diesem Maße kopiert, bekommt lückenlos auf die Fresse – immer. Dafür stehe ich mit meinem Namen.

Von vorne: Unser erstes Buch heißt »100 Karten, die deine Sicht auf die Welt verändern«. Wir haben es zusammen mit dem Hamburger Verlag Hoffmann und Campe (Hoca) im Frühjahr 2019 veröffentlicht. Das Buch ist ein Bestseller geworden. 70.000-mal verkauft und über 1,5 Millionen Euro umgesetzt. Die aktuellen Verkäufe sind noch immer hoch, weil das Ding stark und zeitlos ist. Das Geld teilen sich die Buchhändler (40-50 Prozent), der Verlag Hoca (40-50 Prozent) und KATAPULT als Autor (10-15 Prozent). Der Buchverlag bekommt mehr als der Autor, weil er auch Druck, Vertrieb, Marketing und vor allem das Risiko übernimmt – das ist normal. Unsere Prozente sind etwas höher als gewöhnlich. Das liegt daran, dass wir nicht nur Autoren sind, sondern auch das Cover, den Titel, den Satz, das Layout und das Korrektorat übernommen haben.

J.K. Rowling bekommt mehr Prozente als KATAPULT

Nach einigen Wochen kontaktiert mich Hoca. Sie sind begeistert. So einen Erfolg hatte Hoca schon lange nicht mehr. Jetzt wollen sie, dass wir gleich noch ein zweites KATAPULT-Buch produzieren. Wir stimmen zu, warum nicht? Aber wir verlangen einen höheren Anteil. 20 Prozent müssen für einen Bestseller doch wohl drin sein. Hoca antwortet mir: »20 Prozent, nun, wissen Sie, Herr Fredrich, wer das bekommen hat? J.K. Rowling für Harry Potter, die hat wirklich 20 Prozent bekommen, aber das ist auch Potter!« Okay, denke ich, Potter haben wir noch nicht geknackt, dann gehe ich etwas runter, auf 18 Prozent. Ein anderer Hoca-Lektor antwortet mir: »Herr Fredrich, wissen Sie, wer genau diese 18 Prozent bekommen hat? Das war J.K. Rowling für Harry Potter, also genau 18 Prozent, das können Sie echt nicht verlangen.« Okay, verstehe. Die veräppeln mich und sind zu doof, sich untereinander abzusprechen. Die Verhandlungen stehen erst mal still.

Im Mai 2019 frage ich Hoca, wann wir unser Geld für das bereits veröffentlichte Buch bekommen. Der Verlag antwortet: Ende Juni kommt die erste Auszahlung. Ich frage zur Sicherheit ein paar Wochen später noch mal nach. Antwort bleibt die gleiche. Sehr gut, das beruhigt mich. Dann ist es so weit: Der Juni geht zu Ende. Jetzt müsste das Geld langsam kommen. Macht es aber nicht. Mist. Wir sind darauf angewiesen, deshalb frage ich immer wieder nach, es ist jetzt schon Juli. Antwort von Hoca, keine Sorge, das Geld kommt bald. Es ist August. Frage nach. Antwort: Das Geld sollte kommen. Es ist September. Frage nach. Antwort: Also es gibt da im Vertrag diese Sonderklausel, nach der der Verlag, also Hoca, bis zu drei Monate verzögert zahlen darf. Ey, ich habe fünfmal gefragt! Ist das euer Ernst? Rechtlich ist das alles nicht angreifbar, aber kommunikativ ist Hoca ein unehrlicher Scheißhaufen, denke ich zum KATAPULT-Layouter und er stimmt nickend zu.

Verhandlungen laufen wieder weiter. Ich bin mittlerweile auf 16 Prozent runtergegangen. Am Telefon erklärt mir eine dritte Hoca-

KATAPULT
100 Karten,
die deine Sicht auf die Welt verändern
Norden
auch Norden
schon wieder Norden
Süden
anderer Norden
immer noch Norden
Norden
HOFFMANN UND CAMPE
ORIGINAL
TIN FISCHER
Grafiken von Mario Mensch
Gute Karten
Deutschland, wie Sie es noch nie gesehen haben
Jedes dritte deutsche Ei kommt von hier
HOFFMANN UND CAMPE ATLAS
KOPIE

Lektorin, dass so hohe Prozente bisher nur eine einzige Autorin in der Geschichte der Verlagswelt bekommen hat. Warten Sie kurz, sage ich. Darf ich raten? Ist es zufälligerweise J.K. Rowling? »Ach Herr Fredrich, woher wissen Sie das denn?« Tja, einfach so geraten.

Ich frage mal bei anderen Verlagen nach, ob die mein Angebot auch so lächerlich finden. Drei Verlage reagieren auf mein Angebot: Alle drei stimmen zu und kein einziges Wort über j.K. rOwliNg. Angenehm.

Zwei Wochen später merkt Hoca, dass wir langsam abspringen, und unternimmt einen Rettungsversuch. Die Hoca-Geschäftsführerin, ein Hoca-Lektor und Thomas Ganske, der Chef der Ganske-Gruppe (Eigentümerin von Hoca), kommen höchstpersönlich nach Greifswald, um den Deal zu retten. Wir sitzen am Greifswalder Marktplatz im Restaurant. Thomas Ganske, der den Medienkonzern mit heute über 1.000 Mitarbeitern von seinem Vater geerbt hat, interessiert sich null für Bücher und Magazine. Auch unsere KATAPULT-Inhalte kennt er kaum, aber unsere Abozahlen erstaunen ihn. Im Gespräch geht es eher um Umsätze und Gewinnmargen. Er verkauft hier und da ein paar Magazine und kauft dafür ein paar andere hinzu. Die Ganske-Verlagsgruppe besteht aus einem Haufen Unterverlagen, die Thomas Ganske wild zusammengeshoppt hat, aber auf keinen Fall zusammenpassen wollen. Sein neues Ziel für das Jahr erklärt er so: »Mehr Premium« im »hochpreisigen Segment«. Ich verstehe. Er ist ein Idiot.

Essen kommt. Gibt Burger. Aber wie läuft's denn so mit den Verhandlungen? Ganske teilt mit, dass er zunächst den Verkaufspreis für unser neues Buch erhöhen will, weil das »der Markt hergibt«. Wir sind dagegen. Unser Buch soll genauso viel kosten wie das erste. Wir wollen nicht überall das Maximum an Geld rausholen, nur weil es möglich ist. Ganske versteht den Satz nicht und wechselt das Thema: Er meint, dass er an den Prozenten für KATAPULT eigentlich gar nicht werkeln kann und ich antworte, dass wir bereits andere Verlage kontaktiert haben, die uns zu diesen Prozenten zugesagt haben. Finanz-Ganske guckt schräg rüber und schlägt aus Verzweiflung irgendeine undurchsichtige Geschäfts-Verschleimung zwischen KATAPULT und einem seiner tausend Verlage vor. Er sehe »nun wirklich keinen rationalen Grund, warum wir diesem Vorschlag nicht zustimmen sollten«, stammelt er und wiederholt immer wieder, dass alles andere »irrational« wäre. Wir verabschieden uns freundlich.

Ich teile Hoca drei Wochen später mit, dass wir unser zweites Buch zusammen mit einem anderen Verlag veröffentlichen werden. Bei Hoca bricht die große Verwunderung aus. Sie versprechen, ab jetzt auch rechtzeitig zu zahlen. Ein weiterer Hoca-Lektor verstärkt die Aussage noch mal. »Wir zahlen ab jetzt wirklich pünktlich, Benni!« Es kommen noch ein paar Telefonate, in denen sie sich abwechselnd über unseren Weggang beschweren, um dann wieder zu betteln, wir sollten doch bitte bleiben. Ist unser Weggang wirklich so überraschend? Wir werden drei Monate zu spät bezahlt, geraten dadurch in Geldnot und bekommen am Ende ein schlechtes Angebot für das zweite Buch. Da sollen wir einfach bleiben? Nee.

Wie Hoca entscheidet, KATAPULT-Buch zu kopieren

Was in den folgenden Monaten passiert, hätte ich nie für möglich gehalten. Hoca ist jetzt verärgert und schaltet auf Angriff. Erster Angriff: Zum Erscheinungstermin unseres neuen KATAPULT-Buchs (jetzt mit Suhrkamp) soll das alte Buch (das mit Hoca) in vier verschiedenen Sonderfarben neu aufgelegt werden. Was ist das eigentliche Ziel von Hoca? Die Leute sollen unser neues Buch im Laden nicht so schnell sehen, weil da ganz viele andere Cover vom alten Buch liegen. Das neue Buch würde darin untergehen. Es soll verwässert werden. Wir lehnen ab. Wir wollen, dass unser erstes Buch das »Blaue Buch« bleibt und nicht in Rot, Orange, Magenta und in Regenbogenfarbe erscheint. Wir hatten die Idee fürs Cover, wir haben es gelayoutet, also entscheiden wir das jetzt auch. – Dachte ich.

Was sagt der Hoca-Lektor zu unserer Ablehnung? Sie wollen es trotzdem machen. Bidde? Wollen die echt gegen unseren Willen unser Cover ändern? Ich lese die Mail des Hoca-Lektors noch mal: »Lieber Benni, eure Kritik kann ich verstehen. Die Geschäftsleitung steht jedoch hinter dieser Idee. Sie wird die Verkäufe im Frühjahr noch einmal ankurbeln. Die Varianten-Cover sollen im März erscheinen. Bitte wende dich an unseren Verleger Tim Jung, wenn es Klärungsbedarf gibt.« Wenn es KLÄRUNGSBEDARF GIBT? Alter, mir fallen auf die Schnelle gar nicht alle Schimpfwörter auf einmal ein!

Ich wende mich an den Hoca-Geschäftsführer Tim Jung, der gerade erst vor wenigen Tagen von Bigboy-Finanz-Ganske eingestellt wurde, und erkläre ihm, dass er das rechtlich nicht darf. KATAPULT hat Titel und Cover zu 100 Prozent allein erstellt. Das ist unser Werk und Hoca darf daran nicht ohne unsere Zustimmung herumpfuschen. Was sagt Neuverleger Tim Jung daraufhin zu mir? Ist ihm egal, er macht das jetzt trotzdem so. Aus großer Güte würde er aber die Regenbogenfarbe weglassen wollen. Das alles ist in etwa so, als würde ein Auktionator vor der Versteigerung eines Picassos (angemessener Vergleich!) noch mal die Farben übermalen, weil er meint, so würde sich das Gemälde besser verkaufen.

Ich habe die Geschichte genau 21 Leuten aus der Verlagswelt erzählt. Alle sind überrascht über diese dreiste Selbstherrlichkeit eines Verlegers. Das hätten sie sich nicht vorstellen können. 17 von 21 nennen Tim Jung sogar ein ignorantes Arschloch und vier Leute haben stattdessen eine etwas härtere Formulierung gewählt, die ich hier nicht aufschreiben möchte – zu vulgär, auch wenn der Inhalt natürlich stimmt.

Wir schicken Hoca eine Unterlassungserklärung und drohen, den Vertrag für das erste Buch zu kündigen. Womit wir nicht gerechnet hatten: Tim Jung unterschreibt die Unterlassungserklärung. Hoca darf die Sonderfarben anschließend nicht drucken. Wahrscheinlich haben die Hoca-Juristen ihrem Geschäftsführer Jung erklärt, dass er mit seinem Fehlverhalten einen Bestseller (unser erstes Buch) tatsächlich verlieren würde und die Einnahmen dann wegbrechen.

Der zweite Angriff von Hoca ist noch eine Nummer härter. Sie teilen mir mit, das neue Kartenbuch auch ohne uns zu machen. Okay, denke ich, kein Problem, sollen die machen. Wir können niemandem verbieten, Kartenbücher zu erstellen. Nach ein paar Monaten kommt raus, dass sie Zeit-Autor Tin Fischer und Zeit-Grafiker Mario Mensch engagiert haben. Ich denke erneut, das ist vollkommen in Ordnung. Die renommierte Zeit macht andere Karten als KATAPULT. Damit kommen wir klar.

Dann erscheint die Vorschau des neuen Kartenbuchs von Hoca, das von den Zeit-Autoren erstellt wurde. Es heißt »100 Karten, die deine Sicht auf Deutschland verändern«. Fällt euch was auf? Das ist fast unser Titel. Die haben lediglich »Welt« durch »Deutschland« ersetzt. Mensch Hoca ey, seid ihr nass? Habt ihr keine eigenen Ideen? Das ist doch viel zu auffällig, wie ihr uns kopiert! Wir schicken Hoca auch für diesen Fall eine Unterlassungserklärung. Hoca unterschreibt auch diese und muss das Buch anschließend umbenennen. Das Buch heißt jetzt: »Gute Karten«. – Danke, Frage beantwortet, die sind wirklich nass und haben keine eigenen Ideen. Unten am Hoca-Schriftzug wurde noch eilig der Zusatz »Atlas« aufs Cover gepatscht, so als sei es eine Reihe. Dabei gibt es bei Hoca überhaupt keine Atlanten-Reihe und der Verlag ist dafür natürlich auch nicht bekannt. Auf dem Buchcover ist eine Deutschlandkarte. Darüber steht der

Satz »Jedes dritte Ei kommt von hier.« Haha. Steht das da echt? Jedes dritte Ei! Hehe! Schon witzig, wenn es nicht ernst gemeint wäre. Leider ist es ernst gemeint – traurig.

Wer schreibt sowas eigentlich, also das mit den Eiern? Der Autor ist Tin Fischer, der eigentlich Martin Fischer heißt, aber Tin Fischer wohl irgendwie doch pfiffiger fand, wahrscheinlich so wie das mit den drei Eiern. Auf seiner eigenen Internetseite interviewt Tin Fischer, nun ja, also, wie soll ich sagen, er interviewt Tin Fischer, er interviewt sich selbst. Das hat eine ganz eigene Komik, wenn es nicht erneut traurig werden würde, und zwar in dem Moment, in dem er seine eigenen Antworten auf selbstgestellte Fragen zusätzlich mit »Wie schön!« und »Klingt gut« kommentiert. Der Grafiker ist Mario Mensch. Seine Internetseite lässt ihn sympathisch wirken, kein Selbstinterview. Er macht alle möglichen Arten von Grafiken, nette Sachen, aber eigentlich nicht so fetzige Geräte wie KATAPULT. Er ist eher im Team der Akkuraten. Solider Typ.

Beide arbeiten als Freie für die renommierte Zeit. Was also naheliegt, ist, dass sie ein Buch im Zeit-Stil basteln und fertig. Oder nicht? Ich guck einfach mal rein in das neue Buch mit den drei Eiern. Nanu! Das sieht ja gar nicht so aus wie bei der Zeit, sondern wie bei KATAPULT. Wahnsinn. Autoren der renommierten Zeit haben eine Fortsetzung des KATAPULT-Buchs gemacht und nicht darauf vertraut, dass der Zeit-Stil auch gut genug für ein Buch sein könnte? Doll, aber okay, das sind ja nur der Stil, das Layout, unsere Art, Karten zu machen, Fragen zu stellen, die Eins-zu-eins-Übernahme unseres Text-Karten-Verhältnisses. Aber wie sieht's denn mit dem Inhalt aus?

Ach was, das hier ist ja enorm: Deutschland hat fast so viel Wirtschaftskraft wie Afrika? Das erzähl ich sofort meiner Oma. Aber nee, die weiß das ja schon, weil sie nämlich KATAPULT-Ausgabe vier gelesen hat. Da war das mit Afrika mal auf dem Cover. Schade. Ich blätter weiter. Ach guck mal. Hier sieht man, in welchen Städten welche Drogen genommen werden. Das zeig ich unserer Online-Chefin Juli Katz. Ach nee, die kennt das ja schon. KATAPULT, Ausgabe 16. Oder hier, man könnte doch mal verschiedene Stadtgrundrisse vor einem blauen Hintergrund machen. Sieht geil aus! Das zeig ich unserem GIS-Mann Sebastian Haupt. Was sagt er? Ja, also die Karte habe er in der Art letztes Jahr erstellt. Wofür? Für unser erstes Buch, das mit Hoca. Es wirkt jetzt vielleicht etwas parteiisch, aber alle Karten, die nicht von uns geklaut wurden, sind saulangweilig und haben manchmal mit drei Eiern zu tun. Dieses gelbe Eierbuch ist das traurigste Plagiat, das ich je gesehen habe.

Auch wir haben früher mal Ideen und sogar Karten geklaut, damit wir bei Facebook abfetzen. Zu dieser Zeit waren wir ein Zwei-Mann-Betrieb und haben kaum Geld verdient. Das ist aber keine Entschuldigung, deshalb haben wir die Ideengeber (private Reddit-User) im Nachhinein angeschrieben und uns mit ihnen geeinigt. Ist immer nett abgelaufen. Die meisten wussten davon überhaupt nichts und zwei Leute sind über diesen nach-

20%
78%

träglichen Kontakt sogar zu Abonnenten geworden. Unglaublich. Können das mal bitte alle BWL-Akrobaten zu einer Theorie formen und in ihre Premium-Marketingkonzepte schreiben?

Stramm abgefuckte Finanzbobbis

Was aber die »Süddeutsche« vor Kurzem gemacht hat (bereits geklärt) und was Hoca jetzt mit diesem Buch macht, ist im Vergleich dazu eine ganz andere Nummer – das ist eine geplante und systematische Ausbeutung eines Konkurrenten. Ich fasse zusammen:

- Das Cover hat das gleiche Format wie das unseres ersten Buches.
- Das Cover ist genau wie unser erstes Buch aufgebaut.
- Der Titel sollte ursprünglich eine KATAPULT-Kopie werden: »100 Karten, die ...«, die ich dann juristisch habe verbieten lassen.
- Das Buch hat genau das gleiche Text-Bild-Verhältnis wie unser Buch.
- Der Grafikstil ähnelt stark dem von KATAPULT und nicht dem der Zeit.
- Viele Karten gab es inhaltlich schon mal im KATAPULT-Magazin.
- Hoca verstichwortet das Buch bei METIS (wichtigstes Verlags-Analysetool) mit »Katapult«, aber nicht mit »Zeit«.

Auch für viele KATAPULT-Leser ist das Eierbuch eine Kopie. Wir bekommen etwa zehn Anrufe pro Woche, in denen uns Leser und manchmal auch Buchhändler fragen, ob das eigentlich unser Buch ist. Der Trick von Hoca hat also funktioniert. Allerdings beschweren sich bereits einige Amazon-Kunden in der Bewertungsspalte über die Kopie und wenn Tin Fischer und Hoca das Buch in ihren sozialen Kanälen bewerben, fragen Leute in den Kommentaren, ob das eine KATAPULT-Kopie ist. Tin Fischer likt solche Kommentare dann sogar noch, als würde er das alles ganz witzig finden. Und Hoca scheint bereits alles rotzegal zu sein, weil sie von stramm abgefuckten Finanzbobbis geführt werden.

Thomas Ganske und Tim Jung regieren Hoca so knüppelig, dass der allgemeine Sympathiewert des Verlags die Null gerade so nicht übersteigt. Das zeigt auch ein öffentlicher Protest ihrer eigenen Autoren gegen eine Ganske-Entscheidung im Oktober 2019.[1] Unter den Protestlern sind unter anderem auch bekanntere Granaten wie Can Dündar und Francis Fukuyama. Nicht nur die Hoca-Autoren finden Ganske und Jung mies, auch die eigenen Mitarbeiter, die am Ende oft hilflos dastehen und uns sagen müssen, ja, liebe KATAPULT-Redaktion, wir verstehen euch total, klar dürfen wir euer Cover nicht ändern, das ist alles unfair, aber unsere kranke Geschäftsführung macht das jetzt einfach so und euer Geld, keine Ahnung, warum die immer zu spät überweisen – selbst die Hoca-Mitarbeiter teilen uns so immer wieder mit, wie stahlhart Hoca geführt wird.

Über Hoca lästert mittlerweile die halbe Branche, aber was ist mit dem Zeitverlag? Der hat doch eigentlich einen guten Ruf. Ist das nicht unangenehm, dass deren freie Autoren eine Fortsetzung von einem KATAPULT-Buch machen und das einfach nur des-

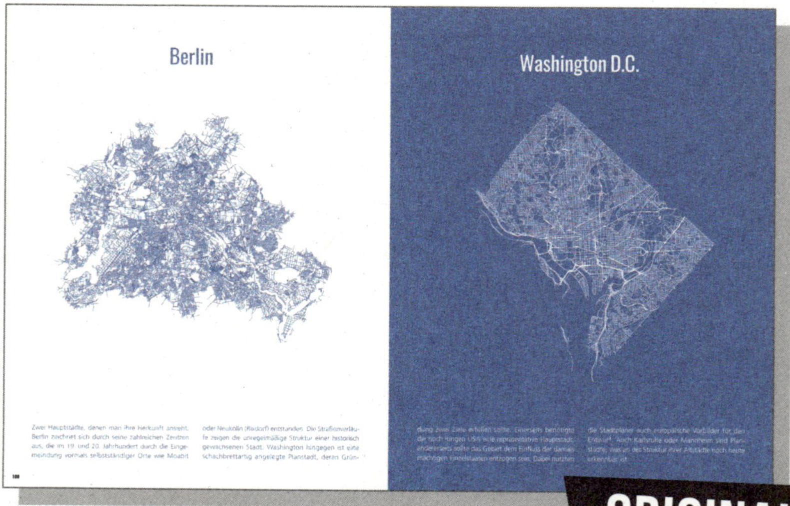

ORIGINAL

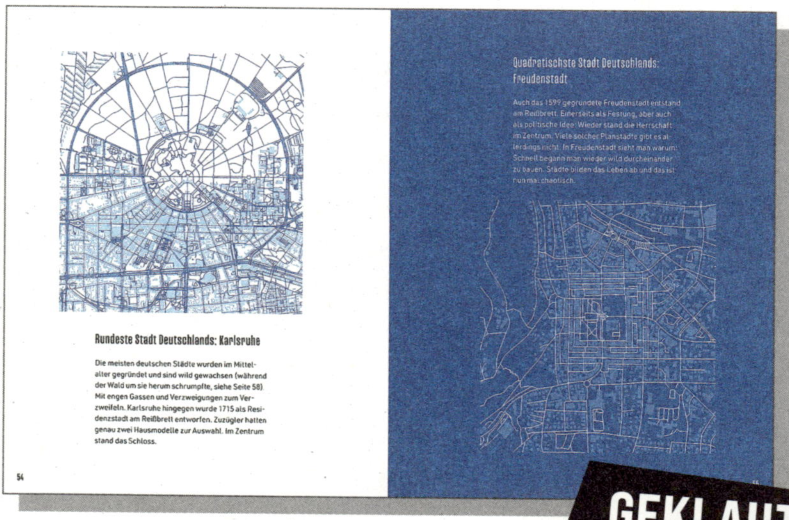

GEKLAUT

halb, weil sie von Hoca dazu überredet wurden und sich das kopierte Buch am Ende durch eine gezielte Kundentäuschung gut verkauft? Würde ich gerne wissen, auch weil ich die Zeit wichtig finde. Korrekter Laden ist das, bin schon lange Abonnent.

Mit welchem Bein Seitenspiegel abtreten?

Was folgt für KATAPULT aus dieser Geschichte? Erstens haben wir einen neuen Verlag gefunden, mit dem wir gut zusammenarbeiten. Es ist auf vielen Ebenen professioneller dort. Unser zweites Buch (das grüne) wird von denen gerade sogar ins Englische und Italienische übersetzt. Wir freuen uns sehr darüber und werden die Zusammenarbeit ausbauen. Zweitens wird KATAPULT jetzt auch ein eigener Buchverlag. Wir veröffentlichen im Herbst 2020 die ersten drei eigenen Bücher: Das erste Buch ist eins über Sprache. Wer wollte nicht schon immer wissen, dass Spanien den geilsten Ländernamen der Welt hat, weil es nämlich »Land der vielen Hasen« heißt? Und Russland? »Land der Ruderer«, is ja klar! Das Sprachbuch haben sich viele von euch gewünscht, also machen wir das auch! Den Stil klauen wir vom Eierbuch.

Dann kommt ein Buch über Philosophen, die auch Säufer waren (Marx immer, Foucault manchmal, aber dafür heftig, de Beauvoir erst im Alter, und viele andere mehr). Darauf freue ich mich selbst schon am meisten. Foucault wollte auf einer Party übrigens mal einen Toast aussprechen und stürzte, noch bevor er richtig vom Stuhl aufstehen konnte, zu Boden. Stilsicher.

Das dritte Buch kommt von mir alleine. Es ist wie ein sehr langes Editorial, also noch länger als das hier. Worum geht's? Die Gründung der KATAPULT-Redaktion in Greifswald. Wie konnte ich mit 20.000 Euro Schulden ein Magazin gerade in Greifswald gründen? Warum sind Tim Ehlers (Layouter) und Julius Gabele (irgendwas) halb Mensch, halb Wurst? Mit welchem Bein trete ich Autofahrern mindestens einen Seitenspiegel ab, wenn die mich blöd anhupen? Welche krummen Angebote haben wir schon alle bekommen und welche Kackfirmen gibt es neben Hoca noch? Warum habe ich 2014 niemanden gefunden, der bei »KATAPULT« mitmachen wollte, als noch nicht feststand, ob es eine Punkband oder ein Magazin wird? Und wie ist es dazu gekommen, dass wir heute 25 Festangestellte in der Redaktion haben, von denen fast keiner ein richtig fettes Arschloch ist?

Ihr könnt diese drei Bücher im KATAPULT-Shop bereits jetzt vorbestellen. Es dauert dann zwar ein paar Monate, bis sie geliefert werden, aber ihr gebt uns damit ideelle und natürlich auch finanzielle Unterstützung.

Wir bauen den KATAPULT-Buchverlag ab jetzt ganz neu auf und wollen unbedingt mit schicken und sympathischen Buchhandlungen kooperieren! Wenn ihr eine Buchhandlung betreibt oder einen Betreiber kennt, meldet euch gerne bei uns: verlag@katapult-magazin.de. Ich finde, dass ein kleiner (bald mittelgroßer!) Verlag aus Greifswald nicht nur sein sehr, sehr erfolgreiches Magazin, sondern auch seine Bücher selbst verlegen sollte, wenn er sowieso schon von vielen kleinen und großen Verlagen kopiert wird.

***

Dieser Text gegen Hoffmann und Campe hat KATAPULT etwa 15.000 bis 20.000 neue Abos eingebracht. Er ist voller Emotionen, verfasst in einer harten Sprache. Merkwürdigerweise hatten wir bei der ersten Coverankündigung des Hoca-Plagiats noch gar nicht verstanden, was Hoca genau vorhatte. Wir fanden deren neues Buch etwas dreist, aber immer noch okay. Warum sollten sie nicht mit anderen Leuten ein Kartenbuch basteln. Hoca aber veröffentlichte ein paar Seiten vorab und wir verstanden, das ist kein neues Projekt, das ist eine Kopie. Julius Gabele kam damals zu mir und sagte, »Benni, das halte ich nicht aus, wir müssen was machen, wir müssen unbedingt was machen!« Also schrieb ich auf, was ich dachte. Obwohl das schwer vorstellbar ist, mein erster Entwurf war deutlich härter als der letztendlich veröffentlichte. Tim Ehlers, Julius Gabele, Juli Katz und Sebastian Haupt haben mir die härtesten Formulierungen gestrichen, aber auch erstaunlich viele Schimpfwörter stehen lassen. Eigentlich streichen sie mir immer das meiste weg, aber diesmal fühlten sie anscheinend wie ich. Schimpfwörter sind manchmal eben auch erlaubt.

Den Verleger eines eigentlich anerkannten Verlages ein »ignorantes Arschloch« zu nennen und den Eigentümer als »Bigboy-

Finanz-Ganske« zu betiteln, ist in den seltensten Fällen legitim. Hier war es offensichtlich angebracht. Die Lesenden haben zu 99,9 Prozent verstanden, schlossen Abos ab und klebten unsere »Komplett geklaut«-Aufkleber in die Hoca-Bücher. Hoca selbst entschied sich für die Strategie des Schweigens. Sie ließen alles über sich ergehen, auch wenn wir über Monate hinweg nicht aufhörten, uns über den Vorfall aufzuregen. Warum habe ich das mit dieser Intensität gemacht? Hocas Versuch, eine Kartenbuchreihe »HoCa Atlas« in unserem Stil und unserer Machart zu etablieren, war kein punktueller Angriff. Es ging hier nicht um ein, zwei Bücher, sondern um viel mehr. Das war die Übernahme unseres gesamten Konzeptes, für das wir in den ersten zwei Jahren von KATAPULT extrem viel gearbeitet haben – ohne Geld. Hoca hat versucht, der neue deutsche Kartenverlag zu werden. Mit mehr Geld, mit mehr Mitarbeitenden. Die geplante Hoca-Atlas-Reihe war ein Angriff auf KATAPULT an sich. Deshalb die Hartnäckigkeit.

Der Autor Tin Fischer hat auf seiner Internetseite kurz versucht, sich zu den Vorwürfen zu erklären. Erfolglos. In der Öffentlichkeit blieb das Eierbuch, was es ist: ein Plagiat. Interessanter war die Reaktion des Grafikers Mario Mensch. Ich hatte ihn im Text positiv dargestellt, weil seine Arbeit tatsächlich beachtenswert ist. Wir bekamen einen Monat nach dem Artikel einen Brief von genau dem Hamburger Künstlerkollektiv, dem auch Mario Mensch angehört. Der Brief war freundlich verfasst. Er schien ein Annäherungsversuch zu sein.

Was stand drin? Ihr Kollege Mario Mensch sei nicht nur ein korrekter Typ und habe auch schon mal unanständige Aufträge abgelehnt, er habe sich sogar beim Hoca-Auftrag unwohl gefühlt und Hoca mehrfach darauf hingewiesen, dass es dem Katapult-Werk nicht zu ähnlich sehen dürfe. Das ist interessant. Am Ende habe er sich mit seinen Sorgen aber nur in einer einzigen Sache gegenüber Hoca durchsetzen können, so die Briefschreiber: Hoca habe dann doch noch die Schriftart geändert. Das ist tatsächlich korrekt. Die Schriftart haben sie geändert. Im Nachhinein kann man also sagen, dass Mario Mensch in dieser ganzen Story die allererste Person ist, die den Skandal, den anschließenden Stress, die große Öffentlichkeit, unsere ewige Kampagne gegen das Plagiat schon ganz am Anfang erahnt hat. Er befürchtete schon beim Erstellen, was kommen würde, er hat unsere Reaktion erahnt – wenigstens einer bei Hoca, der nicht völlig abgebrüht einfach so ein Buch kopiert.

Das Eierbuch-Prinzip

Es blieb übrigens nicht bei den 15-20.000 Abos, die wir im Nachhinein durch die Story verkauft haben. Dieses Gefühl der Ohnmacht, von anderen kopiert zu werden, hat uns dazu gebracht, einen eigenen Verlag zu gründen. Das ist das Erfüllendste, was man machen kann, um Souveränität zurückzugewinnen – selbst machen. Alles selbst machen! Heute haben wir es mit diesem KATAPULT-Verlag tatsächlich in den Buchmarkt geschafft. Wir produzieren 15 bis 20 Titel im Jahr und werden bald auch 150 bis 200 schaffen. Derzeit arbeiten dort zehn Leute und wir wissen heute, was ich damals immer wissen wollte, Hoca mir aber bei den Verhandlungen mit dem Hinweis auf »Mischkalkulation« nie sagen wollte: Ein Buchverlag verdient an einem Buch etwa 40 bis 45 Prozent des Nettoumsatzes. Hoca gab uns 11-13 Prozent (gestaffelt je nach Erfolg) vom Nettoumsatz weiter. Wir wissen heute also, wer wie viel von einem sich gut verkaufenden Buch abbekommt: Hoca etwa 72 Prozent und KATAPULT 28 Prozent. Das war also die mir unbekannte Ausgangslage, als ich Hoca fragte, ob wir nicht halbe-halbe machen können. Heute weiß ich, warum die Verhandlungen scheiterten – wir waren sehr weit von halbe-halbe entfernt.

Aus der Geschichte sind also viele neue Abos und ein Buchverlag hervorgegangen. Aber das ist nicht mal alles. KATAPULT hat durch den Vorfall gelernt, souverän zu werden. Wir haben gelernt, Abhängigkeiten zu zerschlagen – indem wir eigene Bücher drucken. Das Gute: Einmal Gelerntes wiederholt man. KATAPULT wurde in der Folgezeit immer wieder unfair behandelt. Intern nutzten wir im Team den Begriff des »Eierbuch-Prinzips« und wir waren immer überzeugt, dass es klappen würde, weil es ja schon einmal geklappt hatte. Dieses Prinzip steht dem Professionalisierungsgedanken der Industrie entgegen. Es besagt, wenn wir uns unfair behandelt fühlen, machen wir es selbst! In der liberalen Wirtschaftslehre wird eher konzentriert. Professionalisierung heißt dort, eine Firma macht nur einen Job, weil es dann effizienter wird.

Ich bin heute Gegner dieses Prinzips. Ich finde, eine Firma sollte nach dem Eierbuch-Prinzip so viel wie möglich alleine machen. Der Sprung von 13 auf 43 Prozent ist auch durch Effizienz nicht zu erreichen und der Stolz, der durch ein selbstgedrucktes Buch, eine selbstgegründete Regionalzeitung, ein selbstgebautes Holzhaus entsteht, kann bloßes Geld nicht hervorbringen. Es bleibt also nicht bei ein paar Tausend Abos und einem neuen Buchverlag – das Wichtigste, was Hoca uns hinterlassen hat, ist das Eierbuch-Prinzip. Wir haben es noch mehrmals angewandt und werden unsere Magazine und Bücher durch dieses Prinzip irgendwann auf einer eigenen Druckmaschine in Mehrfamilienhausgröße drucken.

Wir haben Hoca auf ganz ironische Weise viel zu verdanken.

1 Dündar, Can u.a.: Hoffmann und Campe: Offener Brief von Autoren, auf: buchmarkt.de (10.10.2019).

12. JULI 2020

Plagiat mit Original vermischt: Eierbuch-Story eskaliert

Tin Fischer und Hoffmann und Campe machen weiter, als gäbe es keinen Plagiatsvorwurf. Tin Fischer gibt ein großes Interview für ein Millionenpublikum und bewirbt sein Eierbuch. Man vermutet jetzt natürlich, dass dabei Karten aus seinem gelben Buch gezeigt werden. Was wird tatsächlich gezeigt? KATAPULT-Karten aus unserem neuen Buch. Ätzend!

Wie weit soll das alles noch gehen? Schritt eins: Ihr kopiert unser Buch. Schritt zwei: Trotz Enttarnung macht ihr weiter Promo für eure dreiste Kopie. Schritt drei: Ihr bewerbt euer Plagiat nicht nur mit den Karten aus eurem Plagiat, sondern auch mit Karten aus unserem aktuellen KATAPULT-Buch. Sowas würde natürlich kein Verlag machen – niemals. Nur Hoffmann und Campe (Hoca) eben doch. Ihr seid so ein ätzender Laden, das hätte ich selbst nach meinem ersten Eierbuch-Artikel[1] nicht für möglich gehalten!

Von vorne: Es ist Wochenende. Ich gucke mal in unsere Regionalzeitung: Die heißt Ostsee-Zeitung (OZ) und ist mal so und mal so. Blätter durch bis zum Artikel »Die Poesie der Diagramme«. Wow, ganze Doppelseite mit Karten. Sieht bunt aus. Es gibt eine große Aufmacherkarte. Ich kenne diese Karte, weil sie von KATAPULT stammt. Sie ist aus unserem neuen Buch. Wir werden korrekt als Quelle angegeben. Super. Das müsste ein Artikel über unser neues

Buch sein, denke ich. Geht ja gar nicht anders, ist ja schließlich unsere Karte ganz groß in der Mitte.

Oh, geht doch anders. Auf der gleichen Seite gibt jemand ein Interview über Karten, oder nee, sorry – über die »Poesie der Diagramme«. Wer ist denn der Poet? Tin Fischer. Ah, alles klar. Tin Fischer wird jetzt auch mal zu den Plagiatsvorwürfen interviewt. Finde ich fair. Lese Interview. Mal gucken, wie er auf die Plagiatsvorwürfe reagiert. Es geht zunächst darum, worüber er »schmunzeln kann« – aha, manche sagen »Schina« und manche »Kina«, huch, ahaha – über solche Sachen kann Tin Fischer dem Interview nach durchaus mal »schmunzeln«. Okay, egal, gleich kommt bestimmt die Plagiatsfrage. Lese ganzes Interview durch. Es bleibt stabil langweilig. Was ist mit den Plagiatsvorwürfen? Keine Frage dazu. KEINE. EINZIGE. FRAGE. Totalversagen des Interviewers.

Ich fasse zusammen: Die OZ präsentiert Karten aus beiden Büchern – aus unserem Originalbuch und aus deren Plagiatsbuch mit den drei Eiern – und interviewt den Plagiator Fischer, ohne ein Wort über den Vorwurf zu verlieren? Liebe OZ, liebe Madsack-Gruppe, liebes Redaktionsnetzwerk Deutschland (RND), entweder ihr wisst von dem Plagiatsvorwurf, dann seid ihr schön daneben, weil ihr den zusammenhanglosen Müll trotzdem druckt. Oder ihr wisst nichts von dem Fall. Dann wart ihr die letzten Wochen im Bunker!

Falls ihr wirklich nichts mitbekommen habt – ihr seid einem Plagiator aufgesessen! Hier eine kleine Hilfe: Ihr hattet zu dem Vorfall einen Artikel[2] in eurer eigenen Zeitung. Der war sauber recherchiert und gut geschrieben. Ihr könntet aber auch den FAZ-Artikel[3] lesen oder den von der Welt[4], vom Deutschlandfunk[5] oder den zweiten vom Deutschlandfunk[6] oder den vom NDR[7] oder den zweiten vom NDR[8] oder den von Neues Deutschland[9] oder Meedia[10] oder MDR[11]. Oder mal mit Video[12] vom NDR? Könnte auf Nachfrage noch mehr liefern.

Am Ende des OZ-Artikels wird unser Buch dann noch kurz als ein »ähnliches Projekt« vorgestellt. Vielen Dank! Das ist ja gar nicht mal so falsch. Es ist so ähnlich, weil Hoca eine Nachahmung, eine Kopie, ein Plagiat, einen Klon unseres ersten Buches erstellt hat! Selbst wenn Hoca die Vermischung der Karten in diesem Artikel gar nicht veranlasst haben sollte, ist erneut klar geworden, dass mit diesem Buch nicht nur die Kunden, sondern auch ein Journalist getäuscht werden kann und die Hoca-Kopie als Teil einer Reihe mit KATAPULT-Büchern interpretiert wird.

Die Ostsee-Zeitung gehört zur Madsack-Gruppe und diese Madsack-Gruppe hat den zusammenhanglosen Artikel höchstwahrscheinlich in bis zu 15 Regionalzeitungen veröffentlicht. Wir haben hier bereits über 100 Mails von Lesern, die uns Fotos ihrer regionalen Zeitungen geschickt haben. Darunter beispielsweise die Leipziger Volkszeitung, die Lübecker Nachrichten und die Hannoversche Allgemeine. Die gesamten Madsack-Zeitungen haben insgesamt eine Auflage von mehreren Hunderttausend und erreichen weit über eine Million Leute, die das am Ende gelesen haben. Eine

Richtigstellung an gleicher Stelle mit gleichem Umfang wäre journalistischer Standard.

Was ist sonst noch passiert?

Nach meinem Plagiatsvorwurf gab es Reaktionen von Hoca und Tin Fischer. Hoca hat genau so[13] geantwortet, wie ich es beschrieben habe: schön knüppelig. Das ging etwa so: Nein, es ist keine Kopie, nein, ist es nicht, nein! Nein! Nein! Begründungen kennen die Leute dort nicht. Am Ende schreiben sie noch, sie hätten gerne weiter mit uns zusammengearbeitet, als müssten sie in diesem Moment nicht zu ihrem neuen Autor Tin Fischer stehen. Sie sind genauso stumpf, wie es die meisten erwartet haben.

Auch Tin Fischer hatte vor ein paar Wochen eine Stellungnahme[14] veröffentlicht, die derzeit aber nicht mehr abrufbar ist, weil seine Internetseite down ist – soll das so? Er schrieb zusätzlich über Twitter, »Nicht ausrasten, lieber @BenniFredrich. Sie wissen, dass die Sache komplizierter ist«. Was Fischer irgendwie nicht mitbekommen hat: Sein Artikel hat ganze 408 Wörter, mein Artikel 3.189. Welcher wird wohl der kompliziertere sein? Entscheidet selbst.

In seiner Stellungnahme bringt Fischer kein Argument, auf das wir antworten müssten, aber eine Sache machte mich nachdenklich. Fischer schreibt zwar oben etwas locker »Nicht ausrasten, lieber ...«, aber an anderer Stelle auch zweimal »die persönlichen Angriffe sind verletzend«. Wir hatten in der Redaktion lange und mehrmals darüber gesprochen, inwieweit meine Angriffe einzelne Personen verletzen und wie angemessen das ist. Bei Tim Jung und Thomas Ganske war es uns egal, bei Tin Fischer nicht. Wir schwankten zwischen »ja, das ist zu hart formuliert« und »er wusste zu 100 Prozent, worauf er sich bei einer eindeutigen Buchkopie einlässt«. Seine Stellungnahme zeigt nun, dass er uns ganz gut verstehen kann – das schreibt er sogar in der Überschrift.

Unsere beiden Bücher verkaufen sich derzeit besser als vorher, jeweils etwa um die 800-mal pro Woche. Dazu kommen Verkäufe aus unserem Onlineshop. Der Absatz des Eierbuchs ist nach meinem Artikel einigermaßen eingebrochen. Hoca hatte damit vorher um die 400 Verkäufe pro Woche und steht jetzt bei 200. Für mein Empfinden immer noch 200 zu viel, aber gut. Insgesamt haben sich mehrere Hundert Buchhändler bei uns gemeldet und erklärt, dass sie das Eierbuch remittieren oder im Buchladen verstecken werden. Einige wollen jetzt sogar alle Hoca-Produkte boykottieren.

Hoca kann das Plagiat 1.000-mal bewerben und versuchen, Kunden und Journalisten zu täuschen, wir werden es 1.000-mal kommentieren und richtigstellen, dass es eine traurige Kopie unseres Buches ist.

***

Bis heute hat Hoca den Plan nicht aufgegeben, sich zum neuen Kartenverlag zu entwickeln. Sie haben die Plagiatoren Tin Fi-

scher und Mario Mensch erneut engagiert. Diesmal soll ein ganz neues Konzept her. Wir sind durch den Streit mit Hoca zunächst zu Suhrkamp gewechselt und haben erst danach einen eigenen Verlag gegründet. Suhrkamp ist bis heute unser Partnerverlag. Der Suhrkamp-Verleger Jonathan Landgrebe sagte damals in unserem ersten Gespräch: »So wie Sie auftreten, warum machen Sie eigentlich keinen eigenen Verlag?« Er wusste anscheinend schon vor mir, was ich vorhatte.

---

1 Fredrich, Benjamin: Zeit-Autoren kopieren gesamtes KATAPULT-Buch, auf: katapult-magazin.de (25.6.2020).

2 Ostsee Zeitung (Hg.): Plagiat? Greifswalder Katapult-Magazin wettert gegen neues Karten-Buch, auf: ostsee-zeitung.de (26.6.2020).

3 Weidemann, Axel: Ideenklau bei Schleudergang, auf: faz.net (26.6.2020).

4 Meier, Christian: »Wer uns so kopiert, bekommt lückenlos auf die Fresse«, auf: welt.de (1.7.2020).

5 Orzessek, Arno: Katapult gegen Hoffmann&Campe - Alles nur geklaut?, auf: deutschlandfunk.de (1.7.2020).

6 Winterling, Tilman; Zeh, Miriam: Karten-Klau oder PR-Masche?, auf: deutschlandfunk.de (26.6.2020).

7 www.ndr.de/fernsehen/sendungen/nordmagazin/Katapult-Magazin-wirft-Buchverlag-Plagiat-vor,nordmagazin75390.html (Stand: 12.7.2020).

8 Becker, Jochen: »Katapult« schießt, auf: ndr.de (26.6.2020).

9 Malburg, Mascha: Katapult-Magazin packt die virtuelle Steinschleuder aus, auf: nd-aktuell.de (2.7.2020).

10 Winterbauer, Stefan: Was passiert, wenn ein Chefredakteur schreibt, was er wirklich denkt? Es gibt Abos!, auf: meedia.de (26.6.2020).

11 Mitteldeutscher Rundfunk (Hg.): Ist die Presseszene noch eine Ausnahme? - Streitbar immer größer: das Katapult-Magazin, auf: mdr.de (30.6.2020).

12 www.ndr.de/fernsehen/sendungen/nordmagazin/Nordmagazin,sendung1046074.html (Stand: 12.7.2020).

13 @HoCaHamburg via Twitter (26.6.2020, 15:25 Uhr).

14 @herrfischer via Twitter (25.6.2020, 15:26 Uhr).

10. AUGUST 2020 – DER NORDKURIER

Regionalzeitung hat Rassismus für sich entdeckt

Der Nordkurier arbeitet systematisch mit Rassismus. Er hetzt seine Leserschaft gegen Zuwanderer auf, bekommt menschenverachtende Leser-Kommentare und löscht diese anschließend nicht. Warum? Weil es Reichweite bringt.

Woher kommt eigentlich der Rassismus in der Bevölkerung? Von Regionalzeitungen, wie dem Nordkurier? Nee nee Leute, das sind doch Journalisten. Die haben sogar ein Regionalmonopol mit über 60.000 Lesern. Damit geht man verantwortungsvoll um! Hoffte ich immer. Die Wahrheit ist aber: Die Leute vom Nordkurier sind waschechte Rassisten, die die Mordfantasien ihrer Leser erst schüren und anschließend auf ihren Kanälen dulden. Damit verletzen sie gleichzeitig den Pressekodex und das Grundgesetz.

In Neubrandenburg wollte ein Mann ne Oma überfallen, ist gescheitert und wurde von der Polizei erst gefasst und später wieder freigelassen. Die Oma ist dabei auch noch hingefallen. Wenn das so passiert ist, ist es zu bestrafen, keine Frage. Das finden auch die Leser. Die regen sich in der Kommentarspalte auf Facebook ganz doll auf, also so wirklich doll.

Aber es geht dabei gar nicht so sehr um die Tat, sondern um was ganz anderes. Denn das Schlimmste kommt erst noch: Der Täter ist wohl aus Ghana. Versteht ihr? Aus Ghana! Afrika sozusagen! DAS IST EIN AFRIKANER! Die, die da herkommen, sind alle schwarz! So siehts doch wohl mal aus. Das gibts ja nicht, einer aus Ghana oder was?! Aber die Story ist noch gar nicht am Gipfel. Denn das ganz große Ding hat der Nordkurier auch noch recherchiert. Das haut euch um: Also die Oma jetzt, das ist wohl – eine Deutsche. So!

Da wurde nicht einfach eine Oma von einem Mann überfallen, sondern eine Deutsche von einem Ghanaer oder Ghanesen, also diesem Schwarzen! Das ist doch mal ne 1A-Story![1] Auf jeden Fall sind sich die Leser des Nordkuriers nicht ganz einig, wie denn der AFRIKANER nun behandelt werden sollte. Einer schreibt, der müsste »entsorgt« werden, der Nächste, er müsse für immer in den Steinbruch, aber ein anderer entgegnet, der muss doch lieber »eingeschläfert« werden, ein noch ganz anderer will, dass er doch lieber anders getötet werden sollte, also nicht einfach so, sondern er müsse jetzt eher in einem Boot auf dem Meer ausgesetzt und dann von Haien gefressen werden.

Es bleibt aber spannend, denn die Diskussion beim Nordkurier ist noch nicht ganz zu Ende. Mindestens zehn Leser bieten – mutmaßlich unter Klarnamen – Selbstjustiz an. Wenn ihnen jemand ein Foto vom Gesicht des vermeintlichen Täters und dessen Adresse zuspielen würde, so schreiben sie, dann würden sie DA MAL AUFRÄUMEN! Der Post wird 1.113-mal bei Facebook geteilt, ein normaler Post des Nordkuriers dümpelt im Schnitt bei zehn Teilungen oder weniger.

Manchmal ist es nicht ganz leicht, bei Facebook alle Rassisten unter Kontrolle zu bringen. Manchmal laufen Überschriften in eine falsche Richtung. Manchmal ist alles ein großes Missverständnis. Beim Nordkurier ist das leider nicht der Fall. Er arbeitet systematisch und gezielt mit Rassismus.

Solche Artikel gibt es massenhaft. Eritreer, Somalier, Marokkaner – der Nordkurier hat sie alle! Oder mal ne Moschee, die es gar nicht gibt? Bitte was? Ja, die haben echt mal in einer fetzigen Überschrift[2] gefragt, ob in Neubrandenburg eine Moschee gebaut wird, um dann im Artikel klarzustellen, nein, da wird eine Pflegeeinrichtung gebaut. Lustig, oder? Wie gelassen wohl die Leser bei Facebook kommentiert haben? Oder einfach mal »Afrikaner« schreiben, weil doch die Schwarzen irgendwie alle aus Afrika kommen? Das geht auch![3]

So läuft das regelmäßig. Der Nordkurier formuliert erst einen solchen auf die Herkunft gerichteten Satz, der eine hetzerische Funktion übernimmt, und hat im Nachhinein keine Probleme mit Leserkommentaren, die die Menschenwürde missachten und offen zu Gewalt und Mord aufrufen. Die werden weder gelöscht noch kommentiert – sondern einfach stehen gelassen.

Warum macht der Nordkurier das? Weil es funktioniert. Die Reichweite eines solchen Artikels ist etwa 80-mal größer als ein Nordkurier-Artikel ohne Rassismus. Es gibt eine Studie[4], die zeigt, dass Deutsche zwar zu 69,4 Prozent in der Polizeistatistik vorkommen, aber nur zu 2,9 Prozent von den Zeitungen genannt werden. Bei

nichtdeutschen Tätern ist es andersrum. Sie werden überproportional häufig genannt. Beim Nordkurier ist die Sache aber plumper, die grundlose Markierung einer Nationalität in den Überschriften und vor allem die Duldung der Gewaltandrohung in der Facebook-Kommentarspalte ist Standard.
Ganz sicher ist das nicht die einzige regionale Zeitung, die dermaßen verantwortungslos arbeitet. Die Veröffentlichung dieser Artikel ist auch noch kein Rassismus, sondern erst mal nur national fokussiert und hetzerisch – die Leserreaktionen sind aber durchaus rassistisch und an vielen Stellen auch faschistisch. Dass der Nordkurier solche Kommentare immer wieder provoziert, hat Systematik, dass er die Kommentare hinterher stehen lässt, wirft ein ganz schlechtes Bild auf die Journalisten aus Neubrandenburg.

Was macht der Nordkurier eigentlich, wenn der Täter deutsch ist und das Opfer nicht? Er schreibt dann erst mal keine Nationen in die Überschrift und erwähnt im Artikel[5] lediglich, der Täter sei ein Mann aus der Region. Schlau gemacht, oder? Nicht, dass noch einer auf die Idee kommt, Deutsche mit Tätern zu assoziieren, sie sind ja schon die Opfer und wenn man das jetzt differenziert hinschreiben würde, kommen die Leser am Ende noch ganz durcheinander. Ein Artikel über zwei Deutsche (sorry, »aus der Region«), die zwei Männer aus Eritrea erst verprügelt, anschließend Hunde auf sie gehetzt und danach deren Fahrräder weggeschmissen haben, interessiert den Nordkurier-Leser sowieso nicht. Keine Diskussion, keine Teilung bei Facebook.

Sollte übrigens doch keine Systematik dahinterstehen, sind die Nordkurier-Redakteure einfach schlimme Idioten, aber das glaube ich tatsächlich nicht. Ich glaube, die haben irgendwann mal rausgefunden, welche Artikel bei ihnen ganz gut laufen, und das waren nun mal die hetzerischen – Ausländer schlecht, Einheimischer gut – Afrikaner greift Deutschen an – die gegen uns.

Man sollte diese Zeitungen mindestens auf den Pressekodex hinweisen. Der hat zur »Herkunft von Straftätern« genaue Leitlinien verfasst:

»In der Berichterstattung über Straftaten ist darauf zu achten, dass die Erwähnung der Zugehörigkeit der Verdächtigen oder Täter zu ethnischen, religiösen oder anderen Minderheiten nicht zu einer diskriminierenden Verallgemeinerung individuellen Fehlverhaltens führt. Die Zugehörigkeit soll in der Regel nicht erwähnt werden, es sei denn, es besteht ein begründetes öffentliches Interesse. Besonders ist zu beachten, dass die Erwähnung Vorurteile gegenüber Minderheiten schüren könnte.« – Der Nordkurier verletzt diese Leitlinie in extremer Weise. Warum es diese Leitlinie[6] gibt, zeigt sich unter dem Facebook-Post.

Übrigens hat der Nordkurier fast das gleiche Logo wie die rechtsextreme AfD-Gruppierung »Der Flügel«. Die AfD und die rechte Zeitung haben natürlich nichts miteinander zu tun, aber seitdem mir das aufgefallen ist, muss ich bei dem einen Logo immer an das andere denken.

***

Wir haben uns das Ganze etwa zwei Jahre genauer angeguckt, die Zeitung auf Fehler hingewiesen, ihnen geschrieben, dass ihre Berichterstattung den Nazis argumentativ in die Hände spielt. Nichts hat sich getan. Keine Antwort, keine Veränderung – gar nichts.

---

1 Hertrich, Mirko: Kein Haftbefehl - Ghanaer nach Überfall auf Neubrandenburgerin (82) wieder frei, auf: nordkurier.de (6.8.2020).

2 Jasmer, Paulina: Bauarbeiten auf dem Datzeberg - Wird in Neubrandenburg eine Moschee gebaut?, auf: nordkurier.de (29.1.2020).

3 Hertrich, Mirko: Polizeieinsatz - Ghanaer schreit im Neubrandenburger Sozialamt herum, auf: nordkurier.de (20.8.2019).

4 Bundeskriminalamt: Polizeiliche Kriminalstatistik (PKS) 2018, auf: bka.de (2.4.2019).

5 dpa via Nordkurier (Hg.): Staatsanwaltschaft - Anklage nach Angriff auf Asylbewerber in Friedland, auf: nordkurier.de (8.3.2019).

6 Deutscher Presserat (Hg.): Leitsätze zur Richtlinie 12.1 - Berichterstattung über Straftaten (31.5.2017).

OKTOBER 2020

Editorial Heft N°19 – Ulli die Eule und Ingo

Eigentlich wollte ich hier mit nem schönen Werbetext über unsere neuen Bücher um die Ecke kommen, aber das geht nicht. Es gibt Wichtigeres. Eigentlich wollte ich auch nicht mehr so viel pöbeln und endlich mal wieder was Nettes schreiben, aber auch das geht (schon wieder!) nicht. Es sind drei lustige und harte Sachen passiert, das muss ich euch in aller Unsachlichkeit aufschreiben.

Also erstens mal hat uns Ken Jebsen mit einer Klage über 20.000 Euro Entschädigung gedroht, weil unser 1a-KATAPULT-Redakteur jUliUs gAbEle geschrieben hat, dass Jebsen wegen Antisemitismusvorwürfen vom RBB gekündigt wurde – na gut, und wegen dieser Holocaust-Sache –, und ein Verschwörungs-Harri sei er ja auch noch, sagt Gabele. Na ja. Was soll ich sagen. Unser Gabelmann hat sich damit natürlich total verrechnet, denn die Wahrheit ist: Ken Jebsen ist nicht nur Antisemit, Holocaustrelativierer und Verschwörungstheoretiker – der hat auch noch n schickes Abmahngeschäft aus seinem beschissenen Ruf gemacht – und das hat Jonas Gabeler ja gar nicht aufgeschrieben! Das muss man erst mal schaffen.

Zur Sache: Jebsen beschwert sich besonders über unsere Behauptung, er sei wegen Antisemitismus beim RBB rausgeflogen.

Na gut, das konnten wir tatsächlich nicht so richtig beweisen, sondern nur von einem anderen Artikel abschreiben. Also haben wir noch mal recherchiert, was damals wirklich los war. Dabei fanden wir einen Rechtsstreit zwischen Jebsen und der »taz«. Wir kontaktierten also die taz und die schickte uns freundlicherweise alle gerichtlichen Unterlagen. Der Fall ist insgesamt ganz ähnlich wie unserer. Was schreibt das Gericht im Urteil? Es gebe einen kausalen Zusammenhang zwischen Jebsens antisemitischen Äußerungen und seiner RBB-Kündigung. Die damaligen Arbeitgeber des RBB teilten den Richtern zudem mit, dass Jebsen selbstverständlich infolge seiner antisemitischen Äußerungen rausgeflogen sei. Auch wenn der RBB damals offiziell eine mildere Begründung für die Kündigung veröffentlicht hatte, damit Jebsens Ruf nicht sofort zerstört ist und er wenigstens noch alleine als Journalist weiterarbeiten kann, ist der Zusammenhang eindeutig und gerichtlich bestätigt worden. Wer hatte den Fall also gewonnen? Die taz natürlich.

Wir haben ihm also nichts gezahlt, hatten wir sowieso nicht vor. Wir sind jetzt schön aufgeregt. Was wird als Nächstes passieren? Verklagt er uns nun ganz doll? Das wird ja was. Falls euch das beim Veröffentlichen eines kritischen Artikels über Jebsen schon passiert ist oder ihr jemanden kennt, dem das passiert ist, meldet euch bei uns. Vielleicht kann man seine Masche endlich beenden, weil wir ja nun mehr Informationen haben. An dieser Stelle möchte ich gerne weiterarbeiten, denn das ist klar: Der Typ wirkt nicht nur wie ein zugekokster Verbrecher – der ist

wirklich gefährlich. Inhaltlich sowieso, aber eben auch, weil er über Unwahrheiten, von denen nur er weiß, dass es welche sind, Leute abmahnt und 20.000 kassieren will. Gut, dass wir das recherchiert haben. Danke, Julius Gabele!

Rassisten mit Dackel

Zweitens habe ich einen schlimmen Artikel über eine Regionalzeitung geschrieben und dafür harte Kritik bekommen. Worum gings? Der »Nordkurier« aus MV schreibt seit zwei bis drei Jahren regelmäßig hetzerische und rassistische Überschriften, obwohl er sehr viel Verantwortung hat, weil er ein regionales Monopol besitzt, das heißt: Hier gibts keine anderen Regionalzeitungen. Die Leser des Nordkuriers schreiben daraufhin rassistische und menschenverachtende Kommentare. Mit allem Drum und Dran. Öffentliche Androhung von Gewalt und Mord? Kein Problem. Der Nordkurier machts möglich. Bleibt alles in der Kommentarspalte stehen. Das passiert alles nicht aus Versehen, sondern regelmäßig, also ganz systematisch. Das war mein Vorwurf. Aber ich habe einen Fehler gemacht, weil ich geschrieben habe: »Die Leute vom Nordkurier sind waschechte Rassisten.« Das ist ja nun wirklich ungenau von mir formuliert und das haben mir dann auch etwa zehn Nordkurier-Redakteure freundlich mitgeteilt. Korrekt wäre gewesen: »Beim Nordkurier arbeiten einige waschechte Rassisten und dann gibt es noch die restlichen Mitarbeiter, die waschechten Waschlappen. Sie haben nicht den Mut, ihrem rechten Chefredakteur zu sagen, dass das mit dem Rassismus zu weit geht – weil ihnen ihr Job mehr wert ist, als gegen Menschenfeindlichkeit zu rebel-

lieren, weil sie einfach nur ihr Gehalt, aber keine Verantwortung mehr übernehmen wollen, weil sie ja nur für irgendwas anderes verantwortlich sind und mit dem rassistischen Mist gar nichts zu tun haben.« Ich muss euch leider enttäuschen, durch eure passive Haltung macht auch ihr Rassismus möglich.
Auf Twitter schreibt ein Nordkurier-Redakteur, also der Fredrich hätte ja wirklich eine sinnvolle Debatte in seiner Redaktion anstoßen können, aber mit dieser aggressiven Sprache? Das gehe ihm zu weit. Ich wollte erst (schon wieder?!) aggressiv antworten, dass ich auch gar keine Debatte anstoßen wollte, weil die Zeitung insgesamt zu schlecht ist, zu national, zu viel Sensationsberichterstattung, zu wenig einordnende politische Artikel! Aber vielleicht ist das nicht der richtige Weg. Vielleicht gibt es ja doch noch ein paar Nordkurier-Redakteure, die was verändern wollen.

Das kann klappen, aber es wird sicher nicht leicht, denn es gibt neben dem Rassismus noch viel mehr Baustellen: Jeden Tag ein umgekippter Trecker, jeden Tag ein Unfall auf der A20 Höhe Jarmen!!!, jeden Tag eine Frauenleiche (mit Bild!), jeden Tag ein Ausländer, der gemeine Sachen macht, jeden Tag irgendwelche Grütze, die der Bevölkerung Angst machen soll. Immer emotional, immer niedere Instinkte ansprechend. Aber einordnende Statistiken und Fakten, das sind die große Schwäche des Nordkuriers. Und dann ist da ja noch der Chefredakteur.

Als wir den Artikel online gepostet hatten, saßen wir vor unseren Bildschirmen und reagierten auf Kommentare. Irgendwann ruft

Julius Gabele in den Raum: »Wer ist Jürgen Mladek?« Ich antworte, er soll jetzt bitte nicht nerven, ich lese grade was. Gabele wiederholt: »Hallo Leute?! Wer ist Jürgen Mladek???« Mann, Gabelsalat! Das ist der Chefredakteur des Nordkuriers, sach ich. »Kann nicht sein«, sagt Gabele. »DAS KANN NICHT SEIN!« – Was war passiert? Haha, das ist echt hart. Was ist denn hier falsch gelaufen? Der Chefredakteur antwortet uns über Twitter und macht dabei so ungefähr alles falsch, was geht. Das ist echt genial. Erstens retweetet er aus Versehen unseren Aboaufruf und nicht den Artikel. Schon mal lustig. Zweitens schreibt er ein »@« ganz am Anfang des Tweets. Wisst ihr, was dann passiert? Genau. Das lesen dann kaum noch Leute. Haha! Wir haun uns weg. Ist nicht so clever, wenn man uns öffentlich kritisieren will und dann gar nicht öffentlich kritisiert. Aber da kommt noch mehr. Drittens meint Mladek, ich hätte ihn unbedingt vor Artikelveröffentlichung fragen müssen, warum das alles so scheiße läuft in seinem Haus, und viertens wechselt er in seinem letzten Satz das Thema und schreibt irgendwas über seinen Dackel. Wir zweifeln jetzt doch, ob das nicht ein Fake-Account ist. Kann man sich das vorstellen? Einer beklagt sich über Rassismus und der Beschuldigte sagt dann, ja nee, also wisst ihr schon das Neueste über meinen Dackel? Der macht immer so und so. Haha. Im Ernst, die Artikel über meinen Dackel sind voll genial! Hahaha!

Analphabet in der Bücherei

Wir machen einen Screenshot von dem Tweet, weil Mladek ihn gleich wieder löschen wird. Denn auch ihm wird bald einer sagen, dass das alles viel zu peinlich ist, was er da abgelassen hat.

Das macht er dann fünf Minuten später auch. Er löscht das Ding und streitet sich anschließend mit Tilo Jung, weil dieser über den Nordkurier getwittert hat: »Ich schäme mich für meine Heimatzeitung (und Ausbildungsstätte)«. Daraus entsteht dann eine Diskussion, die ganz interessant ist. Mladek meint, er wolle seinen Lesern lieber nicht so sehr den »Mund verbieten«, das schreibt er echt einfach so dahin, als würde es nicht um Rassismus und Mordfantasien gehen, und außerdem gebe es ja noch seinen Dackel, der ist voll gut. Haha! Niemand reagiert auf seinen Dackel. Niemand!

Was gibts sonst noch Lustiges? Mladek beschuldigt mich, dass ich da wohl voll gelogen habe, weil diese Kommentare, über die ich geschrieben habe, alle schon längst gelöscht seien, also richtig lange schon – alle gelöscht sind die, jawohl, schreibt er! Na gut. Er ist wirklich nicht so schlau, denn selbst in diesem Moment stehen die menschenfeindlichen Kommentare noch auf der Nordkurier-Facebookseite. Ich schicke ihm Screenshots. Wat sacht er dann? Also das verstehe er ja nun gar nicht mehr, seine Leute hätten ihm vorhin echt (wirklich jetzt!) gesagt, das sei alles gelöscht. Er scheint verunsichert und meldet sich nach ein paar Minuten noch mal. Weiß er eigentlich, dass das kein privater Chat ist und alle mitlesen können? Na ja, egal. Er antwortet: Also, sie haben jetzt tatsächlich noch ein paar Kommentare gefunden und gelöscht. Die waren vorher irgendwie gar nicht alle zu sehen, weil man die bei Facebook wohl, wie soll man sagen, also man muss die wohl erst aufklappen oder so. Jaja, und dann

ist da ja auch noch sein Dackel. Wisst ihr? Der lustige Dackel von Herrn Mladek! Hahaha! Das zieht er übrigens die ganze Zeit durch. Immer wieder kommt er mit seinem kackenden Dackel und immer wieder reagiert niemand darauf, weil es ja eigentlich um Rassismus geht. Tragisch.
Ich fasse zusammen. Mladek hat das mit den Facebook-Kommentaren nicht ganz verstanden. Ja, man kann die ausklappen und zwar muss man mit der linken (kein Doppelklick, Herr Mladek!) Maustaste oben auf »Alle Kommentare« klicken. Wisst ihr, was dann passiert? Dann sieht man alle Kommentare. Wahnsinn, oder? Bei Twitter siehts ähnlich aus. Hier scheint der Chefredakteur komplett neu zu sein. Dieses komische Zeichen »@« ist aber auch tückisch und dann die Schreibfehler überall. Aber drauf geschissen, nen Shcreibfeler kanm jeden mall pasiern, nur die Sache mit der Technik ist doch irgendwie nicht so gut. Die sozialen Medien sollen ja nicht nur der neueste Schrei sein, sondern auch ganz relevant, hat mir mal eine gesagt. Ein Chefredakteur, der sich in diesen sozialen Medien so sicher bewegt wie ein Analphabet in einer Bücherei, erscheint mir fahrlässig – also insgesamt. Man muss sich da nicht überall auskennen, aber dann sollte man eben auch nicht mit diesen Medien arbeiten.

Wirklich gefährlich sind die Argumente. Alles in allem übernimmt er nämlich keine Verantwortung für den Rassismus des Nordkuriers – weder für die Überschriften noch für die wirklich harten faschistischen Kommentare, denn die waren ja alle gelöscht oder nicht oder doch oder irgendwas – so ganz weiß er das alles nicht. Es ging ja bisher immer nur um die Facebook-Kommentare. Wisst ihr, wie es auf der Nordkurier-Internetseite aussieht? Keine Idee? Gar keine? Echt nicht? Na dann lest da doch mal quer und sucht nach »Ghanaer« oder »Eritreer« oder welche Minderheit euch so einfällt. Das wird ne große Überraschung! Oder auch nicht. Es ist alles so, wie zu erwarten – überall Rassismus und Ausländerfeindlichkeit schürend, und das ist auch nicht mehr zu beseitigen. Dafür müsste man da mindestens zehn Leute über zehn Monate durchforsten lassen, weil das schon jahrelang so geht und der komplette Nordkurier verseucht ist. Die haben sich vor ein paar Jahren überlegt, dass es immer ganz wichtig ist, welche Nationalität ein Täter hat, wenn er Ausländer ist. Zumindest wichtig für die Auflage, Pressekodex egal. Dass die Herkunft nicht den Täter macht, haben die nicht kapiert.

Warum bin ich hier eigentlich immer so aggressiv? Wenn der Nordkurier seine Rassisten von der Leine lässt, werde ich nicht derjenige sein, der am Ende sagen wird, ach ja, ich hatte denen das mal ganz vorsichtig mitgeteilt und dann haben die nichts gemacht und auch sonst hat niemand was gemacht. Ich will diese Zeitung auch nicht verbessern, das muss sie schon selbst machen. Ich wünsche mir aber auf jeden Fall, dass gute Leute eine neue Zeitung gründen oder einen Blog. Es gibt hier noch Menschen in unserer Region, die das mit den rechten Regionalzeitungen nervt und genau diese Leute brauchen irgendeine Alternative. Ich würde sie lesen!

Trotteliges Fehlverhalten

Wie gehts eigentlich Hoffmann und Campe (Hoca) und deren Eierbuch? Dem Verlag gings schon längere Zeit etwas schlechter und mein letztes Editorial hat daran wohl auch nichts verbessert. In manchen Buchhandlungen liegt das Plagiat immer noch zum Verkauf aus und manchmal auch immer noch neben unserem Originalbuch, das tut weh, aber es sind gleichzeitig auch ein paar mehr Buchhandlungen abgesprungen als erwartet. Einige haben nicht nur das gelbe Eierbuch aus dem Sortiment geworfen, sondern direkt alle Hoca-Bücher. Konsequent. Zufälligerweise weiß ich, wie Hoca auf solche Buchhandlungen reagiert. Warum weiß ich das? Weil mir eine Buchhändlerin einen Mailverkehr zwischen ihr und einer leitenden Hoca-Angestellten zugesendet hat. Das ist ganz interessant, weil Hoca mir ja nicht so richtig mit Argumenten antworten wollte. Also, was schreibt Hoca auf meinen Plagiatsvorwurf? Erstens betreibe der Fredrich reine Propaganda gegen Hoca, das sei alles nur PR, zweitens sei so ein Vorgang ein »übliches Prozedere in der Verlagswelt«. Das fetzt, oder? Übliches Prozedere.

Hoca hat mir diese beiden Argumente zwar nicht freiwillig zukommen lassen, aber ich möchte trotzdem darauf antworten: Erstens ist es egal, was wir für PR-Maßnahmen aus eurem trotteligen Fehlverhalten machen, denn das macht eurer trotteliges Fehlverhalten nicht besser. Zweitens ist eure Buchkopie in der Verlagswelt nicht üblich, auch nicht ein bisschen, nein – überhaupt nicht! Das solltet ihr auch an den Reaktionen gemerkt haben. Den

Rufmord an eurem Verlag habe nicht ich begangen, sondern ihr selbst, ich habe ihn nur veröffentlicht. Es wäre ziemlich leicht, aus der peinlichen Nummer wieder rauszukommen, aber darauf müsst ihr schon alleine kommen.

Iris nickt

Gibts auch mal was Positives in diesem scheiß Editorial, das manchmal auch voll peinlich ist? Ja. Nach meinem letzten Editorial sind unfassbar tolle Sachen passiert! So viele Buchhandlungen und auch andere Läden wollen mit uns zusammenarbeiten und unsere Bücher verkaufen. Wir freuen uns so sehr darüber! Und dann noch das: Ihr habt in unserem Shop insgesamt 3.764 Bücher vorbestellt, auf Platz eins liegen tatsächlich die Säufer-Philosophen. Ist das der Wahnsinn oder was!? Damit habt ihr uns locker die Druckkosten finanziert. Ihr seid die BESTEN! Das Sprachbuch ist schon gedruckt und wird gerade verschickt. Die andern beiden Geräte sind in den nächsten Wochen so weit. Mein Roman über die KATAPULT-Gründung ist übrigens so putzig geschrieben, dass Tim Ehlers über das Kapitel »Ulli die Eule und Ingo« einen Tag lang durchgehend gelacht hat. Juli Katz (eine unserer Schlauesten!) hat erst einen Tag gelacht und dann bestätigt, dass das alles genial, gerissen, intelligent, schlau und witzig zugleich ist. »Wow«, hat sie abschließend noch zu Iris gesagt, die daraufhin zustimmend genickt hat.

Glaubt ihr nicht? Na gut Leute, ihr habt es so gewollt! Ich hab euch n Miniheft als Leseprobe über genau diese Eulenstory in dieses Magazin einschießen lassen. Bitte lesen und mir Feedback an eine der unten stehenden Mailadressen schicken. Du hast keine Leseprobe bekommen? Dann schnell ne Mail an eine der Adressen schicken!

benjamin-goethe@katapult-magazin.de
spiegel-bestseller@katapult-magazin.de
shakespeare-in-gut@katapult-magazin.de
bester-roman-seit-gestern@katapult-magazin.de
blitzbirnemladek@katapult-magazin.de

***

Auch nach diesem Text: keine Veränderung beim Nordkurier, aber dann wohl eine bei uns – der Entschluss, eine eigene Regionalzeitung zu gründen.

24. NOVEMBER 2020 – FREDRICH RASTET AUS

Der Cornelsen-Verlag erpresst KATAPULT

Der große Schulbuchverlag Cornelsen will eine KATAPULT-Grafik für seine Schulbücher verwenden. Preisverhandlungen lehnt der Verlag ab, stattdessen möchte er KATAPULT mithilfe juristischer Falschaussagen erpressen. Wie kaputt ist eigentlich die Verlagsbranche?

Mail kommt rein. Der Cornelsen-Verlag schreibt. Er will eine Grafik von uns für seine Bücher verwenden. Das ist ja cool! Die kenne ich noch aus der Schule. Mal gucken, wie groß die sind. Oha, die haben 1.646 Mitarbeiter und 260 Millionen Euro Umsatz pro Jahr. Riesen Laden, dieser Cornelsen.

Eigentlich haben wir kein großes Interesse mehr, unsere Karten zu verkaufen. Wir wollen lieber KATAPULT stärken und unsere Grafiken ausschließlich bei uns veröffentlichen. Aber manchmal machen wir es trotzdem, gerade wenn wir die anderen cool finden. Das geht dann so: Jemand will eine Drucklizenz für eine Grafik von uns kaufen, wir nennen einen Preis, verhandeln und dann ist das Ding in trockenen Beuteln. So läuft das diesmal zuerst auch, aber irgendwie ist schon die Wortwahl bei den Cornelsens merkwürdig.

Eine Seniormanagerin des Cornelsen-Lizenzmanagements fordert eine sehr umfangreiche Lizenzvariante: Das Werk soll »in sämtlichen Lehr- und Lernprodukten« genutzt und auch an »Dritte« weitergegeben werden dürfen. Pipapo, das rechtliche Palaver geht unendlich lang. Nebenbei schreibt die Cornelsen-Seniormanagerin noch: »Wir hoffen sehr, dass Sie uns unterstützen können.« Unterstützen? Das hört sich an, als ob die bettelarm sind und im Lotto verloren haben, aber egal. Wir verlangen bei großen Firmen eigentlich viel mehr Geld für eine Grafik, aber weil es ein Schulbuch ist, fordern wir nur 400 Euro. Finden wir fair. Was passiert dann?

Die Seniormanagerin teilt uns mit, es tue ihr doch sehr leid, uns sagen zu müssen, dass 400 Euro leider über ihrem Budget lägen. Das tut ihr leid? Das liest sich ja so, als ob wir ihr die Grafik aufdrängen wollen. Die sind doch auf uns zugekommen, und nicht andersrum. Na egal.

Um diese Grafik ging es:

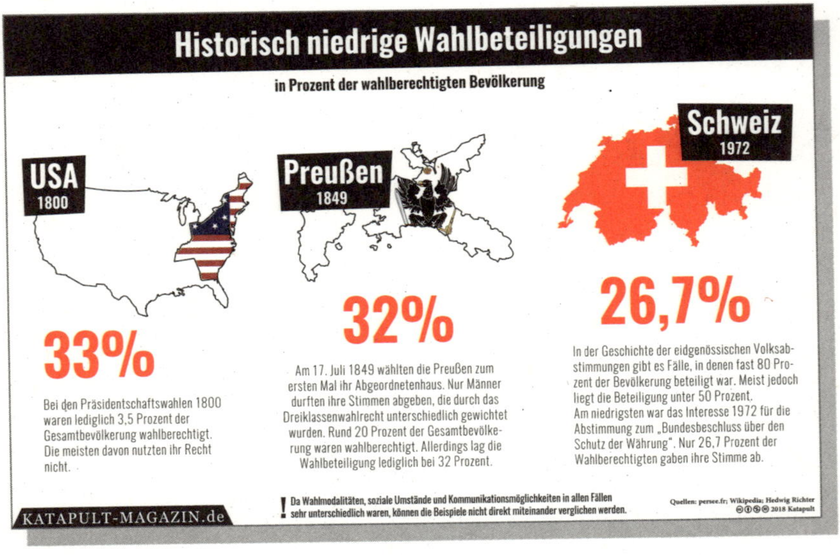

Sie, die Seniormanagerin, verstehe zusätzlich auch nicht so ganz, woher denn jetzt eigentlich »die 400 Euro Honorar rühren«, die sie doch als »sehr hoch empfindet«. Sie bietet uns stattdessen 150 Euro an. Wow, das sind genau 37,5 Prozent unseres Angebots. Harter Sprung. Wir lehnen ab und bleiben bei den 400 Euro. Was dann passiert, ist an Respektlosigkeit schwer zu überbieten. Die Seniormanagerin schreibt uns:

»Sehr geehrte Frau Haensel,[1]
parallel zu meinem Entgegenkommen durch einen reduzierten Verwendungsumfang habe ich Ihre Grafik auf eine bestehende Schöpfungshöhe hin prüfen lassen.

Der Text enthält Fakten, die kostenlos und frei verfügbar sind. Darüber hinaus werden Ländergrenzen und Fahnen verwendet, die jede für sich auch keine Schöpfungshöhe haben. Schlussfolgernd könnten wir die Grafik ohne Ihr Einverständnis nutzen, da hier urheberrechtlich keine Ansprüche geltend gemacht werden können.

Da ich nun aber bereits angefragt habe, und die Katapult-Grafiken ansonsten immer sehr originell und für ihre hohe Schöpfungshöhe bekannt sind, möchte ich diesen Weg ungern gehen.

Wäre es nicht doch möglich, die Grafik mit Ihrem Einverständnis zu einem reduzierten Preis zu nutzen?«

Ohne unser Einverständnis?

Ich muss das jetzt kurz mal nachfragen, liebe Seniormanagerin von Cornelsen, sind Sie eigentlich komplett bescheuert? Ist nicht böse gemeint, nur so eine Frage, die mir grad in den Kopf kommt. Sie können uns doch nicht erst eine Lizenzanfrage stellen und am Ende sagen, wisst ihr, ist mir rotzegal, ob ihr unser beschissenes Angebot annehmt oder nicht, wir benutzen eure Grafik sowieso, die ist eh nicht originell, aber wir nehmen die trotzdem und drucken die in all unsere Schulbücher, weil wir der verschissene Cornelsen-Verlag sind.

Wie soll das denn jetzt nach außen wirken? Was für ein Bild sollen die Leute von Ihnen haben? Sollen die wirklich alle denken, der Cornelsen-Verlag ist mega unsympathisch? Das ist doch alles total rufschädigend, was Sie da mit Ihrer eigenen Person und auch mit Ihrem big fat Cornelsen-Verlag machen.

Zum Glück bekommen wir am Ende der Mail noch eine letzte Chance, den genialen 150-Euro-Deal zu retten. Was für ein großzügiges Angebot! Aus großer, großer Großzügigkeit bieten sie uns tatsächlich doch noch geradeso an, die Grafik nicht einfach ohne Bezahlung zu klauen und an Dritte weiterzugeben, sondern jetzt doch wieder zahlen zu wollen, weil wir von KATAPULT nämlich voll doll dafür bekannt sind, die dicksten Grafiken mit sauhohen Schöpfungshöhen zu bauen.

Ich fühle mich geehrt, sowas endlich mal von einer echten Seniormanagerin zu hören. Wahnsinn! Oder doch nicht? Nee. Doch nicht! So sehr Sie auch beim Cashy-Cornelsen-Konzern arbeiten und sicher auf hundert schlaue Anwältinnen zugreifen können, ich muss Ihnen leider mitteilen, dass Ihre Mail juristisch und moralisch leicht angreifbar ist.

Mir sind die 150 oder 400 Euro übrigens einigermaßen egal. Darum gehts überhaupt nicht. Es geht darum, dass wir bei KATAPULT hart arbeiten, starke Inhalte produzieren und kreative Karten erstellen, für deren Ideen wir manchmal Wochen brauchen. Ihre Mail ist respektlos, Ihre Drohgebärden sind nicht nur herablassend, sondern für kleine Verlage (ohne Rechtsbeistand) auch erpresserisch. Sie haben hier nun aber die falschen Leute adressiert. Vielleicht denken Sie, wir sind wirklich nur ein kleiner Verlag aus einer kleinen Stadt, aber Sie täuschen sich. Wir sind KATAPULT aus Greifswald und wir geben überheblichen Idiotenverlagen kompromisslos aufs Maul! Rechtlich und öffentlich – alles, was geht!

***

Was für eine Geschichte. Das mit der »Schöpfungshöhe« hat mich einigermaßen aus den Fugen gehauen. Etwas von uns haben zu wollen und dann zu sagen, dass es eigentlich keinen Wert habe, das ist hart. Der Chef der Cornelsen-Lizenzabteilung hat mich danach angerufen und die Sache in etwa so gesehen wie ich. Das Gespräch war ehrlich. Aufrichtige Entschuldigung. Wir haben relativ lange telefoniert und ich hab rausgefunden, dass 70 Leute bei Cornelsen in der Lizenzabteilung arbeiten. Was für eine

Dimension! Die produzieren dermaßen viele Bücher und kaufen dermaßen viele Bilder und Grafiken. Wahnsinn.

Warum ist die Sprache seiner Mitarbeiterin so aus dem Ruder gelaufen? Er hat geantwortet, dass die Leute dort schon das Ziel bekommen hätten, die Preise zu verhandeln, und dass das wohl dazu geführt habe, dass eben auch mal ein nicht ganz so faires Argument ausgepackt wird. Cornelsen will den Fall nutzen, um das noch mal in den richtigen Rahmen zu geben. Für mich war die Sache damit erledigt. Wir haben die Karte nicht mehr verkauft. Dass wir uns zum dritten Mal gegen einen deutlich größeren Konzern wehren und am Ende sogar gewinnen, hätte ich nicht gedacht. Das Besondere ist nicht mal, dass wir die Fälle gewinnen, ich hätte es einfach für sehr unwahrscheinlich gehalten, dass sie passieren. Anscheinend passiert sowas aber ziemlich oft in der Medienwelt, die anderen Verlage haben sich allerdings darauf spezialisiert, lediglich ihre Anwältinnen arbeiten zu lassen und die Öffentlichkeit nicht zu informieren. Das ist der größte Unterschied zu KATAPULT und das ist auch der Grund, warum wir diese Fälle gewonnen haben. Streit in die Öffentlichkeit zu tragen, damit haben Hoca, SZ und Cornelsen wahrscheinlich nicht gerechnet.

KATAPULT-Hypertransparenz

Aber nicht nur das, viele schrieben uns, dass es erfrischend sei, durch diese Auseinandersetzungen hinter die Kulissen der Medienbranche gucken zu dürfen. Die Leute wollen also nicht nur Bücher und Magazine zu einem guten Preis-Leistungs-Verhältnis kaufen, nein, sie wollen durchaus verstehen, wie das alles gemacht wird, was es einen Verlag kostet, ein Buch zu verlegen, welche Probleme es dabei gibt und letztendlich auch, wer sich warum streitet. Als wir das realisiert hatten, war uns klar: Das ist die Geburtsstunde der KATAPULT-Hypertransparenz. Wir hatten zu dem Zeitpunkt schon relativ viele Daten an unsere Lesenden gegeben. Nun aber gingen wir einen Schritt weiter. KATAPULT sollte von nun an radikal transparent sein. Gehälter, Verträge, Konflikte, Kontostände – wir veröffentlichen alles!

Ein paar Hypertransparenz-Beispiele

Unsere 2.000 m² Schulgebäude samt 4.500 m² Grundstück haben uns genau 20.000 Euro gekostet. Wir haben weitere 30.000 Quadratmeter Grundstücke für 420.000 Euro gekauft. Unser Einheitsgehalt (auch meins) ist von 1.500 auf 3.150 Euro gestiegen. Ausnahme sind die Entwickler:innen. Die bekommen 3.400. Wir wollen diese Lücke bald wieder schließen. Alle sollten 3.400 bekommen.

Die Schulsanierung kostet etwa zwei Millionen Euro. Wir haben für die Grundstücke und die Sanierung einen Kredit bei der Sparkasse Vorpommern mit einem Zinssatz von 2,4 Prozent bekommen. Laufzeit 25 Jahre. Vorsicht: Gewerbliche Kredite haben etwas höhere Zinsen. Ich bürge persönlich mit 300.000 Euro für diesen Kredit, obwohl ich privat nicht mal vier Prozent dieser Summe auf meinem Konto habe. Das war zunächst neu für mich. Hab ich lange drüber nachgedacht, das Risiko einzugehen? Nein.

---

1 KATAPULT-Projektleiterin

JANUAR 2021

Editorial Heft N°20 – Baustellenroman

Eine Jägerin von der Insel Hiddensee beschuldigt einen Greifswalder Typen, sie »Flintenmuschi« genannt zu haben. Ich muss aber richtigstellen, ich habe lediglich »Flintenuschi« gesagt. Die ganze Story über die lustige Flintenfrau, die sich nun bedroht fühlt, obwohl SIE doch nun mal den großen Ballermann hat!, kann ich hier leider nicht mehr aufschreiben. Wir haben keinen Platz mehr für sowas, meinen Tim Ehlers und die anderen Lutscher.

Eigentlich müsste ich an dieser Stelle auch wieder ausrasten, weil Hoca sich weiterhin danebenbenimmt und KATAPULT derzeit von einer AfD-Zeitung kopiert wird. Aber es gibt wirklich Wichtigeres, viel Wichtigeres, das darf ich euch nicht vorenthalten. All diese Prügeleien, Klagen und Ausrastereien lager ich in meine Romane aus und hetze nebenbei, wie sich das gehört, auf Twitter weiter.

Was ist denn nun so viel wichtiger als die funny Flintenstory? Das hier ist unsere zwanzigste Ausgabe. Wir sind innerhalb von nur fünf Jahren das wachstumsstärkste Magazin Deutschlands geworden, haben ein Restaurant eröffnet, ein Waldpflanzprojekt gestartet, einen Buchverlag gegründet, der alles sprengt, was wir uns vorgestellt haben, und im letzten Jahr haben wir 21 neue Leute eingestellt. Kurz: KATAPULT explodiert.

Mein Nachbar Tornado-Klaus kam letztens zu mir und meinte, irgendwann werde ich mich mit den vielen Sachen übernehmen. Das kann natürlich sein, sag ich zu Tornado. Vielleicht ist es an der Zeit, demütig innezuhalten und darüber nachzudenken, was wir alles erreicht haben. Vielleicht müssen wir mal etwas zur Ruhe kommen. Vielleicht ist das alles etwas viel geworden. Vielleicht aber auch nicht. Vielleicht müssen wir auch nur mal was anderes machen, Klausinado. Und deshalb renovieren wir jetzt ne alte Schule und machen daraus ein Verlags- und Kulturhaus!

Wir haben ein altes DDR-Schulhaus in Greifswald gekauft. 2.000 Quadratmeter auf zwei Stockwerken. Drum herum sind 13.000 Quadratmeter Land. Ein paar Pappeln stehen drauf, auch ein paar Birken. Am Schuleingang wuchern Brombeerhecken, innen bröselt die Tapete samt Fickdichsprüchen von den Wänden. Alles so, wie ich mir das immer vorgestellt habe! Das soll nun aber ein Verlagsparadies werden. Also renovieren wir das Teil jetzt und dann gehts richtig los – mit Café Karsten, großer Feuerstelle, Ton- und Filmstudio, mit riesigem Gewächshaus, ner Bühne, nem riesigen Turm, nem Esel und ein bis zwei Hunderudeln. Und wir haben endlich Platz für unsere Baumschule für den KATAPULT-Wald. Im Herbst haben wir etwa 10.000 Bucheckern, Eicheln und andere Baumsamen gesammelt. Die Teile kommen dann im Frühling in die Erde und los gehts!

Von hier aus wird KATAPULT zu einem großen Verlag wachsen. Für mich ist das ne emotionale Sache, denn als KATAPULT vor sechs Jahren nur eine Idee war, wollte keiner so richtig mitmachen, auch weil ich kein Geld für ein Büro hatte. Selbst nach zwei Jahren mussten wir wegen Geldmangel oft umziehen – in die Uni, zu den Stadtwerken und in winzige Bruchbuden, in denen wir verheimlichen mussten, dass wir da ein Magazin drucken. Aber jetzt wird alles anders! Jetzt bauen wir uns ein richtig echtes Verlagsgebäude mit drei Hunderudeln!

Wie eigentlich? Sowas lässt man doch wohl von einer großen Baufirma machen. Stimmt. Aber ihr wisst ja wohl selbst, dass das nicht zu KATAPULT passt. Also: Du weißt, wie man so eine Baustelle leitet? Du bist Maler oder Elektrikerin? Du kannst gut Estrich legen oder Dächer decken? Du kannst gar nichts, willst aber mal gucken und am Ende volle Sau mithelfen? Wir brauchen Hilfe von vielen Leuten, die viele verschiedene Dinge können. Melde dich bei uns (schule@katapult-magazin.de). Alle, die mithelfen, bekommen Burritos, Magazine, Freibier und Lagerfeuer!

Unter normalen Bedingungen und mit einer regulären Auftragsvergabe könnten wir wohl erst in zwei Jahren in die Schule einziehen, weil Baufirmen derzeit schwer zu haben sind. Das dauert mir aber alles viel zu lange. Ich will da schon im Herbst rein. Den Sommer werde ich also auf dieser Baustelle verbringen und anschließend den besten Baustellenroman der Welt schreiben! Wer mitmachen will, macht mit.

***

Danke für eure unfassbar zahlreichen und großzügigen Hilfsangebote!

APRIL 2021

Editorial Heft N°21: Lasst mich scheitern!

Ich kann nicht mehr, ich will nicht mehr. Keine Lust mehr. Immer das Gleiche, immer wieder das Gleiche. Noch mal und noch mal und noch mal und noch mal und noch mal und noch mal und noch mal und noch mal und noch mal und noch mal und noch mal und noch mal und noch mal und noch mal und noch mal und noch mal und noch mal – kotzen!

»Mensch Benni, was ist denn los?«, fragt Iris Ott, während sie eine Krake malt. Ich sag: Iris, das geht alles gar nicht mehr. Es bringt ja auch nichts, also so gar nichts. Es ist komplett umsonst. Ich hab mich fünf Mal über die menschenfeindliche Berichterstattung des Nordkuriers aufgeregt, alles belegt, alle Quellen rausgesucht. Und was hats gebracht? Gar nichts! Die machen weiter. Jeden Tag, immer wieder. »Ausländer« gegen »Deutsche«, »Flüchtlinge alle kriminell!« Neuerdings unterstützen sie auch noch die Verschwörungstheorien von »QAnon« und in der Kommentarspalte gibts jeden Tag einen Mordaufruf, der von der Redaktion erst durch die rassistische Überschrift provoziert und danach nicht gelöscht wird. Das hat so ausgesehen:

»Alle erschießen!«
»Sofort an die Wand stellen!«
»Ab ins Schlauchboot und aufs offene Meer schicken.«
»Jeden Tag 5 cm nackt über Stacheldraht ziehen. Beteilige mich auch an die, Kosten.«

Wer hält das alles aus? Viele Menschen aus MV können nur diese eine Regionalzeitung lesen, weil es keine andere bei ihnen gibt. Das macht mich wahnsinnig! Aber mittlerweile bin ich nicht mehr der Einzige, der über das Problem »Nordkurier« berichtet. Der Deutsche Presserat hat der Zeitung eine Rüge erteilt, »Übermedien« und der NDR haben deren mangelhafte »Berichterstattung« behandelt. Hat das wenigstens was gebracht? Nein, Iris, nichts. Das »Zapp«-Team des NDR interviewte den Nordkurier-Chefredakteur und fragte, ob er denn auch eine gewisse Verantwortung für die rassistischen, zu Mord aufrufenden, menschenfeindlichen Kommentare spüre. Was antwortete der Chefredakteur des Nordkuriers? »Nein, die Kommentare verantwortet jeder selbst.« Kann man sich das vorstellen? Beim Nordkurier sprechen Nazis und welche, die es gerade werden, ganz offen darüber, wie sie Menschen töten wollen, manchmal auch mit Anspielungen auf Konzentrationslager – und der Chefredakteur sagt, dafür verspüre er keine Verantwortung? Zum Heulen!

Ich höre an dieser Stelle auf, mich darüber zu beschweren. Es bringt nichts und ich will auch nicht mehr. Ich bin hier in Vorpommern groß geworden, habe KATAPULT hier gegründet und ich bleibe auch hier. So eine verantwortungslose Zeitung mit Monopolstellung zu ertragen, tut unfassbar weh. Sie schürt Ängste und Wut, sie vertreibt normale Menschen aus der Region und sorgt dafür, dass MV einen beschissenen Ruf hat. Ich halte das nicht mehr aus und deshalb breche ich hier und jetzt die Monopolstellung des Nordkuriers! Wir gründen heute und genau an dieser Textstelle die neue Lokalzeitung KATAPULT MV! Alles online, mit Karten, Daten,

Grafiken und Fotos über MV – über Neubrandenburg, Greifswald, Rostock, Schwerin, aber auch über die Kleinen, wie Postlow, Pampow und Wusterhusen. Ohne rassistische Überschriften, ohne Menschenfeindlichkeit, dafür mit Verantwortung und mit moderierter Kommentarspalte! Das hat diese Region verdient!
Wir sammeln ab heute Abonnentinnen und Abonnenten für KATAPULT MV. Je mehr es werden, desto mehr Kraft haben wir, desto mehr Standorte können wir aufmachen, desto mehr starke Leute stellen wir ein, die am Ende aufrichtigen Lokaljournalismus betreiben und die Standards des Deutschen Presserats einhalten. Ein Abo kostet fünf Euro pro Monat. Wer das nicht schafft, kann auch nur drei Euro zahlen. Wer das Projekt unterstützen will, wird für 15 Euro zum »Intendanten« und wird im Impressum genannt, und wer noch mehr unterstützen will, wird für 100 Euro zur »Superintendantin« mit Nennung im Impressum und dem Recht, an Redaktionssitzungen teilzunehmen. Hier gehts jetzt los: katapult-mv.de.
Wir zahlen derzeit einen Bruttolohn von 3.150 Euro. Pro Redakteur brauchen wir etwa 3.800 Euro (Arbeitgeberinnenbrutto). KATAPULT kann viel vorfinanzieren, aber so richtig solide wird die Sache erst, wenn wir mindestens fünf feste Redakteure einstellen. Das entspricht 3.800 Abos à fünf Euro. Andersrum gerechnet: Alle 760 KATAPULT-MV-Abos stellen wir eine neue Redakteurin oder einen neuen Grafiker ein und wenn das am Ende 100 Leute werden, dann werden das am Ende 100 Leute! Keine Kompromisse! Büro, Strom, Software, Ausrüstung und Ausbildung übernimmt KATAPULT.

Ich weiß, der Lokaljournalismus ist am Ende. Ich weiß, wir haben keine Chance, aber das hatten wir mit KATAPULT auch nie. Also los. Mir ist alles egal! Lasst uns endlich scheitern!

***

Wir leben hier und wir haben es nicht mehr ausgehalten, deshalb musste der Moment des Eierbuch-Prinzips irgendwann folgen. Als vermehrt auch genaue Folterbeschreibungen beim Nordkurier auftauchten und die Nordkurier-Textchefin Simone Schaman zudem immer mehr befürwortende Querdenken-Artikel schrieb, war es so weit. Wir mussten eine eigene Regionalzeitung gründen. Es ging gar nicht anders. Wir brauchten mindestens 19.000 Euro pro Monat, um fünf Redakteur:innen zu finanzieren, also setzten wir uns diese Marke als Ziel. Als es dann losging, war ich in Kiel und etwas überrascht. Nach nur drei Tagen hatten wir es fast geschafft. So viele Leute wollen eine neue Regionalzeitung? Sehr schön.

Nicht so schön: Ich hatte noch gar keinen Text geschrieben, um den Erfolg dann zu verkünden. Fälschlicherweise dachte ich, das würde etwa zwei Wochen dauern, bis wir alles finanziert haben. Nun war es also schon nach vier Tagen so weit und ich hatte ein Problem: Ich war in Kiel, wollte mal drei Tage raus und musste dennoch einen Artikel schreiben. Nicht nur das: Wir brauchten auch einen Plan, wie es jetzt weitergeht.

Die erste Finanzierungsrunde haben wir mittlerweile vervielfacht. Wir kommen kaum hinterher, neue Leute einzustellen, so schnell wächst diese Zeitung. Eigentlich wollten wir KATAPULT internationalisieren, jetzt ist es aus Versehen eine Regionalisierung geworden. Auch meine Arbeit hat sich seitdem geändert. Ich bin zum Lokaljournalisten geworden und ich wusste vorher nicht mal, dass mir das mehr Spaß macht als die ganz großen, wichtigen, aber dann doch auch unkonkreten Artikel über Europa und die Welt zu schreiben. Artikel auf lokaler Ebene machen die Auswirkungen des Schreibens sofort sichtbar. Das Feedback kommt von Leuten, die nah sind, die sogar meine Nachbarn sind. Ein Artikel über die stärkste Frauenfußballmannschaft von MeckVorp hat sofortige Auswirkungen auf deren Gemüt, auf eventuelle Sponsoren. Ein Artikel über die Frage, wie rechtsextrem die AfD MV ist, hat noch viel deutlichere Folgen. Abmahnungen. Viele Abmahnungen. Eine rechtsextreme Partei wehrt sich gegen die Wahrheit. Wenn sowas passiert, weiß man: Relevanter wird Journalismus nicht.

Die Washington Post schreibt sich ganz groß »Democracy Dies in Darkness« als Slogan auf die Startseite. Was viele nicht vermuten: Das trifft besonders auf den Lokaljournalismus zu. Lokaljournalismus ist, wenn sonst keiner drüber geschrieben hätte.

15. APRIL 2021: FREDRICH REIẞT SICH ZUSAMMEN

KATAPULT-Chef ist ein undankbares Arschloch!

Der »Übermedien«-Redaktionsleiter Jürn Kruse belügt mich mehrfach, weil er unbedingt einen Skandal über mich verbreiten möchte. So was nennt man »gotcha journalism«. Gleichzeitig möchte ich mein Verhalten in einem Punkt gerne ändern, denn durch meinen Roman sind offenbar Menschen verletzt worden.

Im Klappentext meines Romans frage ich: »Und wie ist es dazu gekommen, dass wir heute mehrere Dutzend Festangestellte in der Redaktion haben, von denen fast keiner ein richtig fettes Arschloch ist?« Jürn Kruse von Übermedien beantwortet die Frage in seinem Artikel zwar nicht, stellt aber zumindest klar, wer denn dieser eine fiese Typ, dieses Arschloch ist: ich. Hat er damit recht? Entscheidet selbst.

Kruse beschuldigt mich[1], in meinem Roman keine fiktiven Figuren erschaffen zu haben, sondern echte Menschen zu attackieren, ihnen wehzutun, undankbar zu sein, eine Abrechnung geschrieben zu haben und ganz allgemein ein mieser Typ zu sein. Offensichtlich sind ein paar Menschen durch meinen Roman verletzt worden. Das tut mir leid. Das war so nicht gewollt. Hätte ich es vorher gewusst, hätte ich es anders gemacht. Ja, ich bin bereit, mein Verhalten beim nächsten Roman zu ändern und auch die jetzigen Textstellen für die zweite Auflage abzuwandeln, wenn Nele (Buch-Pseudonym) oder andere das wünschen. Keine Pointe.

Auch den Vorwurf der Undankbarkeit möchte ich nicht bestreiten. Ein paar der ersten freien Schreiber:innen von KATAPULT haben mit Kruse gesprochen und sich beschwert, ich sei nicht dankbar, weil ich sie als »unfähig« beschrieben habe. Das ist korrekt. Trotzdem hätte ich das im Roman positiver beschreiben können. Damals habe ich die Geschichte so geschrieben, wie ich sie empfunden hatte. Es ist meine ehrliche Einschätzung der Gründungszeit. Eine positivere Ausdrucksweise hätte dem Roman aber nicht geschadet. Die harten und schmerzenden Worte tun mir leid.

Zum Interview

Herr Kruse von Übermedien hat mich an einer sensiblen Stelle des Interviews angelogen. Seine gesamte Motivation für die Story ist verlogen, seine Interviewführung ist an Manipulation kaum zu überbieten. Deshalb veröffentliche ich hier meine Sicht der Dinge und die Aufnahme des gesamten 84-minütigen Kruse-Interviews. Alle persönlichen Infos (Klarnamen, persönliche Details) mache ich natürlich unkenntlich. Das ist zwar immer noch nicht legal, aber legitim. Einen Rechtsstreit über die unerlaubte Veröffentlichung würde ich verlieren. Mir egal.

Von vorn

Jürn Kruse von Übermedien fragt über Twitter nach einem Interview. Thema: mein Roman »Die Redaktion«. Toll. Ich sag sofort zu und freue mich. Übermedien find ich gut. Die Texte von Niggemeier sind hart, die zynische Art von Rosenkranz (immer eine Augenbraue hochgezogen) mag ich auch. Abonnent bin ich schon lange. Nun also Kruse. Den kenn ich noch gar nicht, also google ich ihn direkt. Was kommt raus?

Er war vorher bei der taz (warum nicht!), wurde von der Axel-Springer-Akademie ausgebildet (warum?!) und bei Twitter gibt es ein Bild von ihm mit dem früheren »Bild«-Chefredakteur Kai Diekmann (WARUM??!!). Diekmann schreibt über Kruse: »A new star is born« (muss das sein?). Na ja, komm Benni, denkt mein Gehirn, das muss doch nichts heißen. Foto mit Diekmann ist ungünstig, aber der Kruse kann ja trotzdem voll in Ordnung sein. Es klappt. Ich habe mich selbst überredet. Der ist trotz Diekmann und der ganzen dranklebenden Sensationsberichterstattung in Ordnung, bin ich mir sicher!

Ein paar Wochen später findet das Interview statt. Wir nutzen Skype. Jürn Kruse trägt einen einigermaßen durchgebumsten Jogger und sitzt verschlafen vor der Kamera. Gefällt mir. Sympathisch. Der ist trotz Diekmann in Ordnung, rede ich mir wieder ein. Die Technik klemmt, sein Aufnahmegerät will erst nicht, dann klappts irgendwann. Nu gehts aber los.

Die ersten 20 Minuten wird das Übliche abgefragt. KATAPULT-Wachstum, KATAPULT-Mitarbeitende, KATAPULT hier und da. Alles wie immer. Dann kommt er zum Roman. Endlich. Kruse hält sein Exemplar in die Kamera und zeigt mir stolz seine vielen Post-its, die er da alle reingeklebt hat. Wow, denke ich, der hat sich das aber ganz genau durchgelesen. Herr Kruse stellt jetzt mal eine erste

Frage: »Ist das Buch eigentlich eine Abrechnung?« – Nee, nur vielleicht bei einer Person. Ist es Rache? – Nee. Es gibt ja da schon Personen, die »gar nicht gut wegkommen, also gar nicht gut«, meint Kruse und lacht dabei etwas.

Ich weiß sofort Bescheid. Er meint den cholerischen Nachbarn. Ja, also das stimmt. Der kommt schlecht weg und taucht auch direkt am Anfang des Buches auf. Den meint Kruse aber gar nicht. Komisch. Er meint Kacke-Ingo. Okay, ja. Der kommt auch schlecht weg. Das stimmt. Kruse meint, er finde es komisch, dass man diese Figur aus dem Roman enttarnen kann. Ich bin baff. Wie geht das denn?, frag ich. Keine Antwort. Ich frag noch mal. Es sind ja gar nicht eins zu eins echte Personen. Wie will man die erkennen? Kruse sagt: »Man hat ja so seine Mittel.« Wow, ein investigativer Journalist. Ich bin wirklich überrascht. Wie kann man die finden? Ich zweifle an mir selbst. Die kann man doch gar nicht finden. Ab diesem Zeitpunkt verändert sich das Gespräch komplett.

Oh Gott! Was habe ich angerichtet?

Die Stimmung wird ernster, bleibt aber trotzdem freundlich. Der Vorwurf ist klar. Ich hätte gar keine fiktiven Figuren entworfen, sondern reale Personen beschrieben, die man jetzt zurückverfolgen und identifizieren kann. Alle Menschen können die zurückverfolgen? Was habe ich angerichtet! Ich bin kaputt! Ich würde mich schämen, wenn das wirklich stimmt. Deshalb frage ich mehrmals nach. Wie haben Sie das rausbekommen? Kruse gibt keine Antwort. Er will es nicht preisgeben. Ich frage noch mal. Dann sagt er: »Für mich war die Information: die Freundin, die bei der Deutschen Welle gearbeitet hat, natürlich ein extrem guter Hint.«

Oje, denke ich. Scheiße, darüber kann man jemanden identifizieren? Kruse lässt mich in dem Glauben, dass man das kann. Ich frage mehrfach nach, ich zweifel an mir selbst, ich entschuldige mich dafür. Kruse lässt mich weiterhin im Glauben, dass man meine Figuren enttarnen kann. Ich bin platt. Komplett aufgeschmissen. Mir ist ganz anders. Das hätte ich nicht gedacht und auch nicht gewollt. Ich frag noch mal: »Und das hat man gefunden? Jemand, der bei der Deutschen Welle arbeitete und in Greifswald war?« Kruse antwortet nicht. Ich glaub ihm erst mal, obwohl er nicht antwortet, weil ich einigermaßen überrascht bin. Immer noch. Dann gehts weiter. Kruse gibt mir nach und nach zu verstehen, dass er mit fünf Leuten gesprochen hat, die denken, sich im Roman erkannt zu haben. Alle aus demselben Freundeskreis. Alle fünf Minuten kommt eine neue Person ins Spiel, mit der er vorher gesprochen habe. Wow, denke ich, das ist ja mal ne aufwendige Recherche.

»Jetzt mal positiv gemeint, sind Sie naiv?«

Jetzt stellt Kruse allgemeine Fragen. »Ist es so, wenn Sie jetzt sagen, Sie haben da nicht so drüber nachgedacht: Sind Sie einfach nicht der Typ, der so von den Konsequenzen her denkt?« Komische Frage. Ich sag, dass es in diesem Fall sein kann. Wenn man glaubt, Personen enttarnen zu können, dann war ich wohl nicht vorsichtig genug. Kruse lässt mich weiter glauben, man könne die Personen allein durch den Roman erkennen. Er fragt, ob ich eigentlich naiv bin. Wieder: komische Frage. Er konkretisiert: »Naivität gar nicht im negativen Sinne«, und fügt hinzu: »Wahrscheinlich wäre unsere Welt eine bessere, wenn alle Menschen naiver wären.« Ach so? Wäre sie das? Kann es sein, dass er genau diesen einen Satz einfach mal von mir hören will? Ich füge nur hinzu, dass es dann auch eine härtere Welt wäre. Aber klar, ich bin auch naiv, wie sollte ich sonst KATAPULT gegründet haben.

Die Fragen gehen noch eine Weile in die gleiche Richtung. Sind Sie naiv (ganz positiv gemeint!)? Denken Sie eigentlich an Konsequenzen (sicher auch sehr positiv gemeint)? Sind Sie ein Typ, der nach unten tritt? Ich bemühe mich um Antworten. Nach 1:24 Stunden sind wir fertig und verabschieden uns freundlich. Puh. Ich sitze vor meinem Monitor und weiß nicht so richtig, was das war. Kann man die Vorbilder für Kingo und Nele als Unbeteiligter wirklich erkennen, obwohl ich sie mit anderen Personen vermischt, etwas fiktionalisiert und deren Namen geändert habe? Ich ärger mich über mich selbst und gehe laufen. Schon bei Kilometer zwei wird mir klar, das war ein ganz neuartiges Interview.

Sowas kannte ich vorher nicht. Er hatte zwar das ganze Buch mit Zetteln vollgeklebt, aber eigentlich ging es nur um diesen einen Freundeskreis, also um etwa drei Prozent des Buches. Alles andere lässt er weg. Keine Fragen über die vielen euphorischen, positiven Sachen. Keine Frage über mein eigenes Scheitern. Er lässt alle meine positiven und auch differenzierten Erzählungen über Ella, Tim, Sebastian Jabbusch und viele andere weg. Es ging nur ums

Negative. Komisch. Bei Kilometer drei wird mir klar, der Typ hatte eine Agenda. Bei Kilometer fünf wird mir klar, seine Story stand schon vorher fest. Bei Kilometer zehn frage ich mich, warum er mir am Anfang nicht offen gesagt hat, dass er vorher mit Leuten gesprochen hat, die denken, sich erkannt zu haben, und sich nun unwohl mit dem Buch fühlen. Warum immer so nach und nach? Bei Kilometer zwölf denke ich: Oje, die Springer-Akademie.

»Wäre unsere Welt nicht eine bessere, wenn alle naiv wären, Herr Fredrich?« Ich will mir das Interview noch mal anhören und frage Kruse nach der Datei. Er schickt sie und fragt, warum ich die haben will. Ich antworte nicht und höre mir das Interview an. Kruse hat recht. Ich bin naiv. Denn ich bin das ganze Interview lang nicht drauf gekommen, dass er mit einem festen Plan gekommen ist, dass er ganz bestimmte Sätze von mir hören wollte, die mich später belasten sollen. »Jetzt mal ganz positiv, sind Sie naiv? Also positiv gemeint! Unsere Welt wäre doch eine bessere?« Was ist das für ein Mist. Wenn man einen negativen Artikel schreiben will, kann man doch so nicht fragen! Er interviewt mich eigentlich nur, um seiner fertigen Geschichte Futter zu geben.

[An dieser Stelle ist ein Audio, in dem Kruse fragt, ob unsere Welt nicht eine bessere wäre, wenn es mehr naive Menschen wie mich gäbe.]

Kruse: »Sind Sie naiv? Wäre unsere Welt nicht eine bessere?« In den USA gibt es dafür einen Ausdruck: gotcha journalism – eine Interviewmethode, bei der die Befragten dazu gebracht werden sollen, Aussagen zu treffen, die ihrem eigenen Ruf schaden oder sie in Misskredit bringen. Ich habe keine journalistische, sondern eine wissenschaftliche Ausbildung absolviert. Ich kenne Journalismusschulen nicht. Kann mir jemand sagen, ob man sowas auf der Springer-Akademie eventuell sogar erlernt? Das wäre einigermaßen pervers, aber doch auch vorstellbar. Ich werde jedenfalls das Gefühl nicht los, dass schlimm stinkender Bildmief in diesem Kruse-Interview steckt. Also positiv gemeint!

Aber mich wurmt immer noch, dass man aus meinem Roman auf Personen schließen könne. Der Vorwurf ist hart, weil ich damit in aller Öffentlichkeit nach unten treten würde, was ich nie wollte. Ich meine nicht die öffentlichen Personen wie Professor Buchstein, Sebastian Jabbusch oder Stefan Niggemeier, sondern die privaten. Deshalb recherchiere ich selbst. Kann man von der Beschreibung von Nele und Kingo auf reale Personen schließen, wie Kruse es mir vorwirft? Ich finde nichts. Vielleicht bin ich blind. Vielleicht recherchiere ich schlecht. Deshalb beauftrage ich Juli Katz.

Das ist die beste Detektivin unserer Redaktion. Eine gnadenlose Fakten- und Fehlerfinderin. Sie soll das Buch noch mal lesen und dann alles daransetzen, irgendwelche realen Personen zu finden. Wenn es dann welche wären, von denen ich tatsächlich inspiriert wurde, wäre das schlecht für mich. Juli ist hoch motiviert, weil es gegen mich geht. Das mag sie wohl. Nach vier Tagen kommt sie zu mir und meint, es ist alles Mist. Sie hat alles versucht. Kein Ergebnis. Man findet die nicht.

Weder durch die Orte noch durch die Berufsbezeichnung »Deutsche Welle« noch durch andere Beschreibungen. Und: Warum sollte man auf die Idee kommen, auch nur ansatzweise in diese Richtung zu recherchieren? Mit welcher Motivation?, fragt Juli.

98 Prozent Lüge

Okay, mir reicht das nicht. Ich gebe den Auftrag an vier weitere Journalist:innen. Sie sollen alle das Gleiche rausfinden. Ergebnis: Es ist einfach nicht möglich. Niemand findet die Leute, von denen ich meine fiktiven Figuren abgeguckt habe. Ich bin mir nun zu 98 Prozent sicher, dass Jürn Kruse mich angelogen hat. Aber irgendwie reicht das immer noch nicht. Ich brauche die restlichen zwei Prozent. Also erst mal abwarten. Juli meldet sich noch mal und will die Klarnamen haben. Sie will es jetzt endlich mal wissen. Soll sie haben. Danach sagt sie, das ist ja komisch, man findet Nele auch nicht mit Klarnamen in Verbindung mit der Berufsbezeichnung. Das ist also komplett unmöglich. Hat die da überhaupt gearbeitet oder war das vielleicht nur ein Praktikum? Es gibt keine Artikel, keinen Beitrag, nichts. Kruse hat wohl gelogen, als ich ihn gefragt habe, wie er an die Informationen gekommen ist. Wir sind bei 99 Prozent Kruselüge, aber das reicht natürlich immer noch nicht.

100 Prozent Lüge

Irgendwann schickt Kruse mir die Zitate für den Artikel. Ein paar gebe ich frei, ein paar gebe ich nicht frei und erkläre ihm auch, wieso ich das nicht will. Untypisch für mich. Eigentlich gebe ich bei Interviews alles frei. Drei Tage später veröffentlicht Übermedien den Artikel online. Das Erstaunliche: Kruse gibt mir darin das letzte Prozent, das mir zuvor gefehlt hat. Wow. Jürn Kruse hat mich im Interview wirklich angelogen. Hundert Prozent. Er schreibt: »Jemand aus diesem Kreis meldet sich bei uns, weist uns auf diese und andere Stellen hin. Wir fragen uns durch, bis wir bei Ingo und Nele landen.« Nachdem ich ihm also per Mail mitgeteilt habe, dass man überhaupt keine Figur enttarnen könne und er mir bitte mal den Rechercheweg geben soll, hat er im Artikel die Strategie gewechselt und lieber selbst zugegeben, dass alles Vorige im Interview eine Lüge war. Mutig.

Er hat es nicht einfach so rausrecherchiert, »rumgefragt«, wie er behauptet hatte. Er hat da auch nicht »so seine Mittel«, wie er gesagt hat. Er hat Hinweise »aus dem Kreis« bekommen. Wir wissen mittlerweile auch, von wem Herr Kruse kontaktiert wurde. Er hat den Kontakt zu denen, die sich für Kingo und Nele halten, von einem langjährigen Freund der beiden einfach durchgegeben bekommen. »Wir fragen uns durch« ist die zweite Lüge. Kruse muss sich nicht durchfragen, es ist einfach ein und derselbe Freundeskreis des Informanten. Fertig.

Wie oft hab ich Kruse gefragt, ob er das wirklich allein rausgefunden hat? Sechsmal. Wie oft lässt er mich zappeln und lügt oder löst seine Lüge nicht auf? Sechsmal.

[An dieser Stelle ist ein Audio, in dem Kruse sechsmal lügt.]

Sechsmal die gleiche Frage an Jürn Kruse, auf die er lügen wird

Warum ist das alles eigentlich so ein großer Unterschied? Warum mache ich hier so ein riesen Ding draus? So, wie es jetzt gelaufen ist, hat Kruse lediglich einen Freundschaftsdienst verrichtet. Das machen Journalisten selten. Am Ende hatte er zusätzlich auch das Interesse, diesen schönen Skandal, der zum Greifen nah schien, irgendwie durchzubekommen, egal wie, ob er stimmt oder nicht. Jemand meldet sich bei Kruse und meint, guck mal, ich fühle mich hier nicht richtig dargestellt. Kruse geht dem nach, was vollkommen in Ordnung ist. Dann muss man das aber auch ehrlich sagen. Kruse aber ruft mich an und sagt, er hätte das alleine rausbekommen, damit die Kritik lautet: Alle können diese Figuren finden! Guck, was du angerichtet hast, Fredrich! Du machst hier Leute fertig, du trittst nach unten und die ganze Welt weiß, wer deine fiktiven Figuren in Wirklichkeit sind.

Zur Erinnerung: Ich war im Interview durchaus verzweifelt und habe mehrfach gefragt: Wie findet man das raus? Antwort: »Ich hab da so meine Mittel.« Wie findet man das raus? Keine Antwort. Aber jetzt echt mal, wie geht das? »Also über die Deutsche Welle.« Ich bitte Kruse später per Mail, mir den Rechercheweg zu zeigen. Wie hat er das ohne Insidertipp rausbekommen? Ich möchte es wirklich gerne wissen. Heute weiß ich, warum er nie geantwortet hat. Er kann nicht. Weil er dann zugeben müsste, keinen Journalismus, sondern einen Freundschaftsdienst mit anschließender Sensationsberichterstattung betrieben zu haben.

Verzerrung wie bei der Bild

Es gibt eine Person, die sich auf direktem Weg hart angegriffen fühlt. Das ist die Person, aus der ich teilweise Kingo gebaut habe, die Romanfigur, die auch persönlich beleidigt wird. Kruse zitiert die Person, die sich in Kingo wiedererkennt: »Freunde hätten ihn angeschrieben, ihn angerufen. Alle hätten in ihm ebenjenen Ingo erkannt. ›Die wissen, dass das Quatsch ist.‹ Er selbst könne das auch ganz gut von seinem realen Leben trennen, sagt er.« Für diese Sache habe ich oben um Entschuldigung gebeten, aber im Prinzip sagt er das, was Ingo ist: Eine Montage, die nicht die reale Person ist. Das wissen seine Freunde und das weiß er. Was bleibt dann noch von der Kritik übrig? Genau 1,2 Seiten eines 250-seitigen Romans. Auf diesen Seiten werden nämlich die »unfähigen Freien« beschrieben, die Kruse zu Wort kommen lässt. Dieser kurze Abschnitt des Buches ist der eigentliche Auslöser der kruseligen Bild-Skandal-Gotcha-Story. In diesem kurzen Abschnitt erkennt sich eine Person wieder und fühlt sich dadurch dermaßen gekränkt, dass sie sich einen Journalisten sucht und ihm »skandalöse« Hintergrundinfos zuspielt.

Kruse – entweder naiv oder mit der Person befreundet – nimmt das zugeworfene Stöckchen dankbar auf und bastelt auf dem Fundament dieser 1,2 Seiten eine Skandalgeschichte. Das sind 0,48 Prozent des Buches. Dass das ein seriöser Journalist mitmacht, ist absolut unverständlich. Vor allem vor dem Hintergrund, dass Kruse weder positive Aspekte in der Figurenbeschreibung beachtet, noch andere Figurenvorlagen von ihm recherchiert wurden. Was war eigentlich seine Eigenleistung? Für mich liest sich der Artikel wie eine Auftragsarbeit. Ich schreibe Positives und Negatives. Guckt es euch an:

DIE UNFÄHIGEN FREIEN

Zusätzlich schreiben noch drei Freie für uns: Manuel (schreibt schrecklich), Antonia (schreibt gut, ist aber unsympathisch) und Anne (schreibt gut, aber prokrastiniert). Alle drei gehören zu Tims Freundeskreis. Es war von Anfang an merkwürdig bis schmeichelnd, dass alle Freunde von Tim bei uns mitmachen wollten, weil sie Katapult geil fanden. Es war aber auch die größte Tragödie. Wir haben diesen Freundeskreis zerschruppt und konnten auch nicht anders. Das Problem: Greifswald ist klein.

Alle Artikel von Manuel waren scheiße. Wir mussten hart redigieren, obwohl man sie alle hätte ablehnen müssen. Am Anfang wussten wir nach zweimaligem Lesen trotzdem nicht, was eigentlich der Inhalt des Artikels war. Er war ein Meister des unverständlichen Satzes.

Antonia war mal in Zeitstress und hat uns dann eine Uni-Hausarbeit als Artikel verkauft. Sie dachte, wir würden es nicht merken. Peinlich, aber okay. Ich weise sie darauf hin, dass ich den Müll gar nicht erst lese. Sie bittet um vier Tage Zeit und bekommt sie. Der Artikel wird gut. Sie kann eigentlich schreiben, aber sie ist nicht ganz aufrichtig, das hatte ich schon bemerkt, als sie sich mit dem Argument bei uns bewarb, dass sie vorher bei der Ostsee-Zeitung war und die anderen Leute, die da arbeiten, alle total bescheuert wären. Das kann sie ja so denken, sollte sie aber nicht sagen – jedenfalls nicht mir, so lästert man nicht über ehemalige Kollegen.

Anne ist die beste. Also fast. Sie schreibt wunderbar und ist superangenehm. Leider hat sie noch keinen vollständigen Artikel abgegeben, weil sie die Fristen nicht schafft – also nie.

AUSZUG aus:

182

Kruse will mich im Allgemeinen als fiesen Typen darstellen, dafür braucht er das Argument, ich stelle wehrlose Leute vor der gesamten Welt bloß. Das geht aber nur, wenn er seine Quelle nicht preisgibt. Wenn er sie preisgibt, kommt raus, dass man eben ohne Insidertipp aus dem Freundeskreis niemanden finden kann, weil die Figuren literarisch verfremdet sind. Er hat im Interview gelogen.

Ja, ich hatte durch die ganze Geschichte ein paar schlaflose Nächte. Ja, ich habe einige Journalist:innen für mehrere Tage engagiert und bezahlt, um die Sache nachvollziehen zu können. Ja, ich habe die halbe KATAPULT-Redaktion mit dem Verhalten von Jürn Kruse konfrontiert. Vielleicht ist es eine kleine Genugtuung für ein paar Leute. Vielleicht freut sich auch Herr Kruse darüber. Die restliche Übermedien-Redaktion scheint ebenfalls erleichtert, mir mal ans Bein pinkeln zu können[2], aber irgendwie ist sie durch die Lügen, die Gotcha-Methode und die zusätzliche Verzerrung jetzt mindestens so sehr in Erklärungsnot wie ich vorher. Oder vielleicht sogar noch mehr? Ist nur ne Frage und positiv gemeint!

Interview komplett veröffentlichen

Ich habe euch das gesamte Kruse-Interview als Audiodatei verlinkt. Hört es euch an und entscheidet selbst, ob Kruse einen aufrichtigen Artikel geschrieben hat und ob ich ein fieser, mieser Typ bin. Denn interessant ist auch die Stimmung im Interview im Vergleich mit der Stimmung im Kruse-Artikel. Es ist nämlich ganz nett und freundlich gewesen. Wir lachen sogar. Nur die Fragen waren komisch. Meine Antworten sind differenziert. Ich bemühe mich ernsthaft um ehrliche Antworten. Und: Ich kritisiere mich auch selbst – in meinem Buch und auch im Interview. Davon schreibt Kruse nichts. Hört es euch an und entscheidet selbst. Vielleicht ist es eines der aufschlussreichsten Interviews, die ich je gegeben habe, weil es eigentlich nicht für die Öffentlichkeit gedacht war.

[gesamte Audiodatei Kruse-Interview]

Gesamtes Kruse-Fredrich-Interview

Wenn nötig, veröffentliche ich auch den Mailverkehr mit Herrn Kruse, weil durch ihn ersichtlich wird, dass Kruse mir fälschlicherweise unterstellt, gar nicht so transparent zu sein, wie ich immer vorgebe. Es hatte jedoch einen ganz relevanten Grund, warum ich einige Stellen nicht freigegeben habe, den Kruse aber nicht erzählt hat, weil er nicht in seine Story passt. Ich habe es gemacht, weil ich wusste, dass er die Zitate falsch (Sind Sie naiv? Also positiv naiv?!) zusammenbasteln wird, auch um die vermeintlichen Personen, die sich getroffen fühlen, zu schützen. Das wollen die aber anscheinend gar nicht. Deshalb hier nun die ganze Wahrheit. Klarnamen habe ich weggepiept. Hört es euch alles an und entscheidet selbst.

Das sind die restlichen sieben Punkte, die im Kruse-Artikel inhaltlich falsch sind:

Erstens

»Mit einem halben Dutzend (ehemaliger) ›Katapult‹-Mitarbeiter haben wir gesprochen.« Kruse hat mit genau null ehemaligen

KATAPULT-Mitarbeitenden gesprochen. Er hat mit fünf ehemaligen Studierenden (Freundesgruppe) gesprochen, die nie Mitarbeitende bei uns waren. Sie haben damals als Studierende Artikel in einem Printmedium unterbringen wollen. Niemand von denen hatte einen Arbeitsvertrag bei uns. Niemand war professionelle:r Schreiber:in. Was machen eigentlich Journalisten, denen es um eine dicke Story und nicht um die Wahrheit geht? Sie machen aus fünf Leuten ein halbes Dutzend. Bitte korrekt bleiben! Die Überschrift des Kruse-Artikels ist übrigens auch komplett falsch.

Zweitens

»Fredrich hat allem Anschein nach zwei Personen vermengt, um sie zu verschleiern. [...] Macht es das nicht noch viel schlimmer für den realen Ingo?« Herr Kruse, wenn man zwei Personen vermengt, gibt es offensichtlich keinen realen Ingo. Verstehen Sie das? Frage ist ganz positiv gemeint!

Drittens

»Platzhirsch Nordkurier«. Der Nordkurier ist nicht der Platzhirsch in MV. Es gibt drei Zeitungen, die sich die alten DDR-Bezirke teilen. Der Nordkurier ist davon die kleinste Zeitung.

Viertens

»Und Fredrich verbreitete von Anfang an mehr als ein Heft: Er verbreitete eine Geschichte.« Wie soll man von Anfang an eine verkaufsfördernde Erfolgsgeschichte verbreiten, wenn man zwei Jahre lang erfolglos ist? Nein, das ging erst danach los.

Fünftens

»Dabei hätte er das nie durchziehen können ohne all die Leute, die ihm unentgeltlich geholfen haben.« Ja, uns wurde viel geholfen. Ja, dafür bin ich auch dankbar. Das waren etwa 15-20 Leute, die uns geholfen haben. Mit dieser einen Freundesgruppe (fünf Leute), die sich nun beschwert, war es aber leider immer etwas anstrengend und einige von uns haben sich am Ende zerstritten. Trotzdem habe ich im Buch differenziert aufgeschrieben, dass manche schreiben konnten und manche nicht gut schreiben konnten oder uns einfach mal dreist eine alte Hausarbeit als Artikel andrehen wollten. Das habe ich Kruse auch alles im Interview erzählt, aber die Differenzierung passt nicht in sein Narrativ, deshalb lässt er sie weg. Zum Verständnis: Das Wichtigste für KATAPULT war, dass Ella, Tim und ich Überstunden gemacht haben. Da haben längst nicht alle anderen Leute mitgezogen, sie sind zu spät zu Sitzungen gekommen, manche waren unzuverlässig bei Abgabeterminen. Vor allem aber waren ihre Artikel oft sehr redigierintensiv. Das war auch eine Last. So wie sie im Roman stehen, sind die Begebenheiten ganz gut dargestellt. Das ist vielleicht nicht schön, aber es ist korrekt.

Sechstens

»Manuel [hat an] Sitzungen teilgenommen, mitgeplant, sei komplett eingebunden gewesen, erzählt er Übermedien. Geld habe auch er dafür nicht bekommen.« Da hat dieser »Manuel« Übermedien aber schön angeschwindelt. Die Person, mit der Kruse gesprochen hat, hat weder bei KATAPULT gearbeitet, noch hat sie was geplant. Das ist nicht wahr. Jetzt das fehlende Gehalt zu bemängeln, ist daneben. Denn gerade die Person hat damals immer wieder betont, es ginge ihr ausschließlich darum, eine Veröffentlichung im gedruckten Magazin zu bekommen. Wir haben immer von vornherein kommuniziert, dass wir kein Geld haben.

Siebtens

»Bei Fredrich, der allen zeigen will, wie richtiger, furchtloser Journalismus geht, ist es einigermaßen überraschend, dass er nicht mehr zu seinem Wort [Transparenz] stehen will.« Ich habe zum ersten Mal in meinem Leben Bild-Gotcha-Journalismus gespürt. Dass Kruse die Zitate falsch und zusammenhangslos verwenden wird, war mir vorher klar. Deshalb habe ich nicht alle Zitate freigegeben. Mein Argument und meine Kritik an ihm (per Mail) lässt er aber großzügig weg. Ich möchte zu meinem Wort stehen. Deshalb wird Herr Kruse sicher kein Problem damit haben, dass ich das gesamte Interview veröffentliche, obwohl er mir etwas verwalterisch geschrieben hat, »nicht zur Veröffentlichung bestimmt«.

Jetzt Sie, Herr Kruse!

Ich habe lange überlegt, wie ich diesen Artikel hier angehe. Meine Bitte um Entschuldigung ist ernst gemeint und die Ankündigung, vor dem nächsten Roman über Konsequenzen nachzudenken, auch. Ich habe einen Fehler gemacht, indem ich Leuten unnötig wehgetan habe. Ab jetzt werde ich es anders machen. Das anzuerkennen hat etwas Kraft und Mut gekostet, aber ich finde es wichtig.

Herr Kruse, bitte machen Sie das ebenfalls. Denn auch Sie haben eine Schwäche: Sie haben mindestens einen Interviewten absichtlich getäuscht. Sie haben gelogen, um Ihre Skandalstory erzählen zu können. Dieses Verhalten ist eigentlich der Grund, warum ich immer wieder diese harten Artikel geschrieben habe, weil eben die Süddeutsche[3], Cornelsen[4], Hoffmann und Campe[5] und jetzt auch Übermedien an irgendeiner Stelle nicht aufrichtig waren. Ja, ich weiß, meine Texte sind manchmal etwas ruppig und manche finden meinen Ton zu hart, das weiß ich alles, aber es stört mich enorm, dass Transparenz und Aufrichtigkeit so häufig in genau der Branche fehlen, in der es eigentlich darum geht, Transparenz und aufrichtige Weitergabe von Informationen zu garantieren.

Herr Kruse, wenn man so einen negativen Artikel schreibt, dann muss halt auch alles stimmen. Bei Ihnen stimmt nicht mal die Hälfte. Zu vieles ist eindeutig falsch. Zu vieles ist krass verzerrt. Mich stört auch, dass ich Ihrem Interview überhaupt zugesagt habe. Falls noch mehr Bild-Diekmann-Freunde von der Axel-Springer-Akademie mit mir reden wollen, lasst es einfach. Fragt mich nicht nach Interviews! Ich finde euch alle scheiße und wünsche mir, dass die Bild und auch die ganzen anderen Springer-Sensationsblätter schnellstmöglich sterben.

P.S.: Kackebenni

Boris Rosenkranz von Übermedien (der mit der hochgezogenen Augenbraue) hat bei Twitter versucht[6], den Hashtag #kackebenni zu etablieren. Wie oft wurde er genutzt? Zweimal. Von wem?

Boris Rosenkranz. Also er hats zweimal versucht[7], aber niemand hat mitgemacht. Ist das peinlich? Find ich nicht. Das kann noch werden, also lasst uns den Hashtag retten. Helft alle mit! Ich nehm den Namen hiermit offiziell an. Im nächsten Roman gibts dann das große Drama zwischen Kackebenni und Lügenjürn, der einen sehr, sehr geheimen Informanten hat, aber nicht zugeben darf, woher er seine Infos hat, woraufhin Boris die Augenbraue den kreativen Hashtag #kackebenni erfindet, weshalb Kackebenni einen total peinlichen Artikel mit ernst gemeinter Entschuldigung schreibt, der mit dem Wort »endet« endet.

— Hallo?! Warum fehlen in diesem Artikel die Schimpfwörter? —

Schätzungsweise fünf Prozent unserer Leser:innen finden meine harte Schreibweise nicht so gut. Darunter auch meine Oma. Deshalb gibt es von diesem Artikel zwei Varianten. Das hier war die Variante »Fredrich reißt sich zusammen«. Die Variante »Fredrich rastet aus«, also die echte Rohfassung mit eingebauter Schimpfgarantie, veröffentlichen wir in zwei Tagen. Auf der Seite fredrich-rastet-aus.de könnt ihr dann in den nächsten Tagen abstimmen, welche Variante euch besser gefällt.

***

Jürn Kruse hat auf diesen Artikel nie geantwortet und beendete drei Monate später (am 25. Juli) seine Karriere als Journalist. Er gab private Gründe für diese Entscheidung an.

Wer antwortete stattdessen? Kruses damaliger Chef Stefan Niggemeier. Er schrieb eine Replik, die zwar unkorrekt war, mit der ich aber trotzdem leben konnte. Ich antwortete also nicht. Dann aber passierten ein paar Wochen später zwei Sachen, deretwegen ich doch noch mal antwortete. Das Team Kruse versuchte erstens, die falsche Story in anderen Medien (taz) zu verbreiten und zweitens, zusätzlich auch bei Wikipedia zu platzieren. Das wollte ich so nicht stehen lassen.

Meine Antwort darauf ist lang und der Inhalt zu kompliziert. Wer hat da wann was in welchem Interview gesagt, was andere dann wann, wo und wie zitiert haben? Einige Leute waren von der Komplexität genervt, andere fanden das gerade gut. Im Nachhinein hätte ich diesen Artikel sein lassen und stattdessen nur was Pointiertes, Kurzes bei Twitter absetzen können. Trotzdem war die Richtigstellung in dem Moment wichtig für mich, weil ich die falsche Story nicht für alle Ewigkeit bei Wiki stehen haben wollte.

---

1 Kruse, Jürn: Benjamin Fredrichs Roman - »Katapult«-Gründer dichtet Kollegen fiese Geschichten an, auf: uebermedien.de (9.4.2021).

2 @niggi via Twitter (15.4.2021, 13:25 Uhr).

3 Fredrich, Benjamin: Die Süddeutsche klaut systematisch von Katapult, auf: katapult-magazin.de (16.2.2020).

4 Fredrich, Benjamin: Der Cornelsen-Verlag erpresst KATAPULT, auf: katapult-magazin.de (24.11.2020).

5 Dündar, Can u.a.: Hoffmann und Campe: Offener Brief von Autoren, auf: buchmarkt.de (10.10.2019); Fredrich, Benjamin: Zeit-Autoren kopieren gesamtes KATAPULT-Buch (25.7.2020).

6 @der_rosenkranz via Twitter (9.4.2021, 15:22 Uhr).

7 @der_rosenkranz via Twitter (9.4.2021, 15:33 Uhr).

16. MAI 2021

Glaubhaftigkeit im Journalismus
Übermedien-Streit eskaliert

Eine Redakteurin veröffentlicht eine »Übermedien«-Verteidigung bei der »taz«, verheimlicht ihrem Publikum aber, dass sie gleichzeitig auch für Übermedien schreibt und eine enge Vertraute von Übermedien-Redakteur Jürn Kruse ist. Ihre Parteinahme führt sogar dazu, dass sie den Rassismus beim »Nordkurier« relativiert – in der taz!

Ich wollte mich eigentlich gar nicht mehr dazu äußern. Meiner Meinung nach arbeiten derzeit mehrere Journalisten und eine Journalistin an ihrer eigenen Rufschädigung. Vielleicht gehöre ich auch dazu. Wenn ihr von diesem Thema genervt seid, kann ich das gut verstehen, ich bin es ja mittlerweile selbst. Es geht aber leider nicht anders, ich muss diesen Artikel schreiben, weil wir jetzt ein Niveau erreicht haben, das höchst verstörend ist und ich möchte, dass Übermedien und Kruses Freunde endlich ihr Projekt beenden, ein unwahres Bild von mir zu verfestigen.

Zur Erinnerung

Übermedien-Redakteur Jürn Kruse warf mir vor[1], in meinem Roman reale Vorlagen für fiktive Figuren nicht genug verschleiert zu haben. Ich bat[2] daraufhin öffentlich um Entschuldigung, sollten Leute durch meinen Roman verletzt worden sein. In einer Replik zeigte ich aber auch, dass Kruse mich im Interview zu seinem Artikel mehrfach angelogen hatte, um die Story künstlich zu dramatisieren. Meine Vermutung: Sein Artikel war ein Freundschaftsdienst für jemanden, der im Roman schlecht wegkam. Sein Chef Stefan Niggemeier entschuldigte sich[3] danach für Kruse und warf mir wieder was Neues vor. Der zweite Übermedien-Chef Rosenkranz erfand den Hashtag #kackebenni[4] bei Twitter und entschuldigte sich dann wieder dafür.

Was für ein peinlicher Eiertanz. Von mir aus hätte an dieser Stelle Schluss sein müssen.

Verstörend: Kruses alte Arbeitskollegin ruft mich an

Es gibt jetzt aber einen neuen taz-Artikel[5], in dem über unsere neue Regionalzeitung »KATAPULT MV« berichtet wird. Er ist ganz schön geschrieben. Am Ende schweift die taz-Redakteurin vom Thema ab und schreibt über den Übermedien-Streit. Warum auch nicht? Auf welcher Seite ist sie? Eher pro Übermedien. Kein Ding. Also eigentlich ist sie zu 100 Prozent bei Kruse und Übermedien. Das ist selten, aber natürlich legitim.

Die Journalistin hat kurz vor der Veröffentlichung des Artikels sogar noch mal mit mir telefoniert. Am Ende des Gesprächs wurden die Fragen aber immer merkwürdiger. Dabei nahm sie Kruse in Schutz, relativierte den Rassismus beim Nordkurier und meinte, ich hätte ein öffentlich geteiltes Twitter-Bild von Kai Diekmann und Jürn Kruse nicht in meiner Replik verwenden dürfen. Das Telefongespräch wird letztendlich so absurd und Kruse-verteidigend, dass ich sie einfach mal frage, ob sie Jürn Kruse vielleicht sogar kennt. Antwort von taz-Redakteurin und taz-Vorstandsmitglied Anne Fromm: Ja, wir haben lange hier bei der taz im gleichen Ressort gearbeitet.

Fromm schreibt in ihrem Artikel zwar am Ende, dass Kruse bis 2020 bei der taz gearbeitet hat, aber nicht, dass er ihr direkter Vorgesetzter war, dass sie gemeinsam in der taz positive Artikel über Übermedien[6] veröffentlicht haben, dass sie gemeinsam nette Bilder gemacht haben und eine ganz entscheidende Sache auch nicht.

Obwohl das bis hierhin schon peinlich genug und journalistisch extrem fragwürdig ist, hätte ich diesen Artikel nicht geschrieben. Was dann aber herauskam, brachte mich dazu, den Artikel doch zu schreiben.

Was verschweigt Anne Fromm noch? Na ja, sie arbeitet nicht nur für die taz, sondern auch für Übermedien: hier[7], hier[8] und hier[9]. Wollt ihr uns eigentlich alle komplett verarschen? Könnt ihr Freundschaftsdienste nicht mal verschleiern oder einfach komplett sein lassen? Anne Fromm verteidigt Übermedien in ihrem taz-Artikel auf sehr merkwürdige Weise und sagt ihrem taz-Publikum nicht, dass sie hier wohl einen ordentlichen Interessenkonflikt hat? Das ist zuallererst eine Täuschung der taz-Lesenden. Wie ernst sollen wir euch jetzt noch nehmen? Wie unehrlich kann man gegenüber seinem Publikum sein? Ist das eventuell sogar der ungeschickteste Versuch der Übermedien-Redaktion, ihre falsche Story zu verfestigen und die taz als bloßes Vehikel zu missbrauchen? Niggemeier, Rosenkranz, Kruse, ist das so?

Bitte erst hinsetzen, bevor ihr das lest

Wisst ihr, wie Anne Fromm ironisch von Jürn Kruse in einem Interview genannt wurde? »Jürns Mädchen«.[10] Pah! Habt ihr sie noch alle?! »Jürns Mädchen«? Auch wenn das »nur« eine Parodie auf Kai Diekmann und Tanit Koch gewesen sein soll und Fromm nie wirklich so genannt wurde, was soll das alles? Warum diese unwürdigen Bezüge zur »Bild«?

Zurück zum Thema: Fromm, die so eng mit ihrem Chef ist, dass sie sich für einen Witz auch mal »Jürns Mädchen« nennen lässt, ist nun also auf der Seite von ... ähm ... hier ... also ... wie hieß er noch gleich ... sie ist auf der Seite von Jürn. Dem Kruse.

Was für eine Überraschung!

Fromm ist wegen der Nähe zu Kruse und Übermedien wohl etwas (im Sinne von komplett) befangen. Leider so sehr, dass sie sogar die Logik »der Feind meines Feindes ist mein Freund« durchzieht. Sie versucht den Nordkurier erst ganz differenziert darzustellen und endet mit komplett falschen Sätzen, wie »Mladek ist Chefredakteur des Nordkurier[s] und hat eigentlich keinen Grund, sich zu ärgern, denn seiner Zeitung geht es gut«. Das ist komplett falsch.

Der Nordkurier hat seit 2000 genau 54,1 Prozent (IVW) seiner Auflage verloren. Allein im letzten Jahr hat die Zeitung unter dem rechtsoffenen Chefredakteur Jürgen Mladek 3.140 Exemplare weniger drucken müssen. Entstehen diese Falschaussagen eventuell, weil Fromm sich mit Mladek getroffen hat? Wie kommt es zu solchen Fehlern? Ich frag nur, weil es noch fünf weitere große Fehler in ihrem Artikel gibt. Ein paar Hinweise haben auch schon die taz-Lesenden in die taz-Kommentarspalte geschrieben. Einige Aussagen von Fromm verharmlosen den Nordkurier, der auch gerne mal Artikel pro »Querdenken« veröffentlicht.

Uns werden hier in Mecklenburg-Vorpommern Rassismus, Mordaufrufe und Folterfantasien um die Ohren geballert und Anne Fromm schreibt, dass der Nordkurier sowas wie ein Hort der freien Meinung sei und andere das auch irgendwie gar nicht so kritisch sehen wie ich, weil ich ja immer nur Marketing mache. Das ist schwer zu ertragen, wenn man von hier kommt und Leute kennt, die einfach mal wegziehen, weil sie keinen Bock mehr auf Nazis haben.

Fromm schreibt auch, dass 220.000 Leute im Einzugsgebiet des Nordkuriers wohnen. Noch mal: Woher kommen diese vielen Fehler? In dem Gebiet wohnen 462.000 Menschen! Und wer Mecklenburg-Vorpommern mit Mecklenburg abkürzt, bekommt in Vorpommern empörte Blicke zugeworfen.

Dass die taz-Redakteurin für den Querdenken-Nordkurier und Diekmann Partei ergreift, um meine Aussagen zu relativieren und so ihren ehemaligen Chef Jürn Kruse und ihren zweiten Arbeitgeber Übermedien zu verteidigen, ist mehr als fragwürdig und vor allem auch unpassend für die taz.

Nach Erscheinen ihres Artikels rufe ich Anne Fromm übrigens noch mal an und frage sie, was sie da eigentlich gemacht hat: Wie lange hat sie mit Kruse zusammengearbeitet? Fromm meint, von 2014 bis 2020. Sie merkt aber bereits, dass ich wohl diesen Artikel hier schreiben werde, und versucht zu erklären, dass es wohl doch nur zweieinhalb Jahre waren, weil jeder mal zwischendurch weg war oder so. Na egal, selbst bei zweieinhalb Jahren kennt man sich wohl ganz gut. Hätte Anne Fromm ihrem taz-Publikum sagen müssen, dass sie auch für Übermedien arbeitet? Fromm meint: nee, hätte sie nicht. Hätte sie es eventuell mir sagen müssen? Sie meint, auch das hätte sie nicht machen müssen. Ich frage, ob sie sich vorstellen kann, dass ich ihr gar kein Interview gegeben hätte, wenn ich gewusst hätte, dass sie auch für Übermedien arbeitet. Sie meint, nee, das war alles in Ordnung so.

Frau Fromm gibt zwar genau die Antworten, die dazu führen, dass einige Journalist:innen (zu Unrecht) als intransparente Interessenvertreter:innen gesehen werden, aber sie merkt dann doch, dass irgendwas nicht so ganz optimal gelaufen ist. Aufgeregt schlägt sie mir vor, noch mal ganz ohne Aufzeichnung mit mir reden zu wollen, so ganz privat, ohne Tonband, ohne Veröffentlichungsabsicht, da könne man sicher noch einiges klären. Mannomann, was ist das alles hier? An dieser Stelle würde ich wohl sonst wieder schimpfen, aber was solls. Ich lass es einfach mal, weil es so schon traurig genug ist.

Geheimer Informant

bittet Jürn Kruse, einen Skandal über Benjamin Fredrich und sein Buch »Die Redaktion« zu produzieren

Jürn Kruse

interviewt Benjamin Fredrich, lügt dabei mehrfach und versucht einen Skandal über Benjamin Fredrich zu erzwingen

Boris Rosenkranz

erfindet den Hashtag #kackebenni und entschuldigt sich anschließend dafür

Stefan Niggemeier

entschuldigt sich für Kruses Interviewmethode und greift Fredrich an anderer Stelle noch mal an

Anne Fromm

schreibt in der taz einen Pro-Übermedien-Artikel. Verheimlicht aber, dass sie auch für Übermedien schreibt und Vertraute von Kruse ist

VORGÄNGE IM »SKANDAL«

um KATAPULT-Buch »Die Redaktion«

KATAPULT

Benjamin Fredrich

entschuldigt sich bei Leuten, die sich durch seinen Roman verletzt fühlen, und beschuldigt Jürn Kruse und Anne Fromm, Freundschaftsdienste zu leisten und nicht ehrlich genug zu sein, um Journalismus zu betreiben

Anbiederung an die Bild und den Nordkurier

Es geht leider noch weiter: Mich verstören diese Fotos, auf denen Jürn Kruse und Anne Fromm zusammen mit einer dritten Person auf einem Dach stehen und die oberste Führungsriege der Bild (Diekmann, Koch, Reichelt) nachstellen. Das soll ironisch sein. Wenn man aber weiß, dass Kruse bei Springer gelernt hat, ist es eben doch wieder ernster. Was soll eigentlich diese ganze Anbiederung an die Bild? Warum gibt es das alles, warum gibt es gemeinsame Fotos Kruses mit Kai Diekmann? Dieses Rumgefummel mit dem rechtsfickenden Bild-Boulevard, das halte ich nicht aus.

Warum nimmt die taz-Redakteurin den Nordkurier in Schutz – obwohl es um Rassismus und Fremdenfeindlichkeit geht? »Wie auf einer rebellischen Insel im Meer der Einförmigkeit«, lässt sie Jürgen Mladek schwadronieren. Es gibt noch viele weitere schlimme Mladek-Zitate, die sie unkritisch veröffentlicht. Wenn er das alles wüsste, Rudi Dutschke würde sich im Grab nacheinander alle acht Finger abhacken! Es gibt übrigens auch neutrale und trotzdem kritische Artikel über diesen KATAPULT-Übermedien-Streit: zum Beispiel hier[11] und hier[12]. Das sind Texte, die mal Niggemeier, mal mich und mal Kruse scheiße finden. Faire Sache.

Wie ist es beim Team Kruse? Erst kamen Kruse und sein geheimer Informant um die Ecke, dann sein erster Chef Niggemeier, dann sein zweiter Chef Rosenkranz, jetzt seine alte Kollegin von der taz, die gleichzeitig auch seine neue Übermedien-Kollegin ist. Fünf Leute sind das mittlerweile. Bei mir macht sich die Vermutung breit, es handelt sich hierbei um einen traurigen Haufen aktueller Kruse-Kollegen, die ihren netten Freund von der Springer-Akademie in Schutz nehmen sollen. Kommt vielleicht Diekmann als Nächstes längsgeschlendert und kritisiert mich? Ich würde in dem Fall meine Mutter fragen, ob sie auch mal was Positives über mich abjubelt.

Nachtrag: Niggemeiers Text ist falsch

Eigentlich wollte ich das Thema nicht noch einmal aufwärmen, aber nach diesem neuen Artikel vom Kruse-Team muss ich das noch einmal klarstellen: Stefan Niggemeier, Gründer von Übermedien, hatte vor ein paar Wochen in einem Artikel versucht zu erklären, warum sein Angestellter Jürn Kruse überhaupt so recherchiert hat, wie er eben recherchiert hat. Am Ende entschuldigt sich Niggemeier für Kruse. Ich nehme die Entschuldigung an, Fehler einräumen find ich gut. Hab ich auch schon mal durchgezogen. Niggemeier macht in seiner Kruse-Verteidigung aber noch mal ein neues Fass auf und schreibt, ich hätte in einem früheren Interview über meinen Roman einen NDR-Moderator angelogen.

Oh Mann, Niggemeier. Ich weiß, ihr hattet Abokündigungen nach der Geschichte, ich weiß, ihr brauchtet schnell ein Argument gegen mich, um die Flut der Empörung wegen der journalistischen Fehlleistung zu stoppen – aber das geht so nicht. Das ist nicht mehr in Ordnung.

Wie es war: Im Gespräch mit Kruse, dessen Mitschnitt wir veröffentlichten, habe ich mehrere Stellen wegen des Schutzes der Persönlichkeitsrechte rausgepiept. Unter anderem auch eine Stelle, an der ich von einem NDR-Interview und meinem ehemaligen Nachbarn erzähle. Der NDR-Moderator hatte mich gefragt, ob denn der Nachbar aus meinem Roman nicht leicht zu erkennen sei, denn man finde ihn bei Google. Es sei wohl der erste Google-Treffer. Ich sag, »Hoppla, hehe, also der erste Treffer, den man bei Google findet, der ist es dann wohl nicht, hahaha«. Ich lache während dieser Aussage. Dem Moderator, der Tonfrau und auch dem Tonmann war in diesem Moment klar, was ich gemacht hatte. Allen Beteiligten war die Ironie klar. Verstehen Sie, Herr Niggemeier?

Wenn es nicht klar gewesen wäre, hätte der Moderator nicht direkt angeboten, die Frage aus dem Interview zu nehmen, was ich abgelehnt habe, aber später vom NDR trotzdem gemacht wurde. Das erzählte ich Kruse und auch ihm war das klar, das merkt man auch im Interview. Was macht Niggemeier daraus: Fredrich piept die Stelle raus, weil er da zugegeben hat, dass er einen NDR-Moderator belogen hat. Diese Kommunikation so heftig zu verfälschen, lässt mich wirklich an Ihnen zweifeln. Ich habe Respekt vor Ihrer Arbeit, ich habe früher Ihren privaten Blog gelesen, ich finde auch »Bildblog« wichtig, ich fand Übermedien gut, aber das hier lässt mich ernsthaft zweifeln.

Diese Situation mit dem NDR als Lüge auszulegen, ist nicht aufrichtig. Und: Ich habe jetzt zum ersten Mal die fiktive Figur »Streek« aus meinem Roman gegoogelt. Was kommt raus? Ein Greifswalder Arzt. Nun ja, was soll ich sagen. Das ist er nicht. Ruft ihn doch mal

an und fragt, ob er jemals Kontakt zu mir hatte, ruft doch einfach mal alle an, die ihr bei Google findet, und fragt sie, ob sie mal meine Nachbarn waren. Ich bin hier zwar grad der glückliche Trottel, der erst spät rausbekommt, dass die Figur wirklich nicht zu enttarnen ist, aber ihr Hauptargument ist dadurch falsch.
Schluss jetzt!

Der sehr geheime Informant, der Kruse damals überhaupt erst beauftragt hat, einen Skandal über mich zu erzwingen, geht mir übrigens immer noch regelmäßig auf die Nerven. Er kontaktiert und nervt uns auf mehreren Wegen. Die Person ist einigermaßen besessen davon. Das ist wirklich ein anstrengendes Duo aus Informant und Journalist, dass sich da zusammengefunden hat. Falls noch irgendjemand Kontakt zu dieser Informantenperson hat, könnt ihr den bitte zurückpfeifen? Der nervt wirklich. Der soll aufhören! Das ist alles unwürdig.

Die Ironie an diesem ganzen Drama: Der Roman, der eigentlich kaputt gemacht werden sollte, wird jetzt öfter verkauft als vorher. Darüber hatte sich Niggemeier ja schon prophylaktisch geärgert. Die ersten Leser:innen melden sich zurück und schreiben mir, man habe durch den Roman niemals auch nur ansatzweise auf die Idee kommen können, so zu recherchieren wie Kruse.

Die Veröffentlichung des Kruse-Interviews hat noch eine positive Wendung. Ein alter Bekannter aus Greifswald, dem meine Editoriale immer viel zu »vulgär« sind, hat über das Interview mit Kruse bemerkt[13], dass ich eben nicht nur alles unbedacht rausballer, sondern durchaus überlege, wen ich wie hart angreife. Er findet meine Texte sicher immer noch nicht gut, aber kann wohl besser verstehen, was ich mache. Das Interview anzuhören lohnt sich also. Das finde ich wichtig, weil ich weiß, dass meine harten Artikel auch immer ein paar Leute verschrecken. Genau genommen finden meine schroffe Gangart 82,1 Prozent unserer Leser:innen gut. Aber ich will die 17,9 Prozent auch nicht ignorieren.

Befangenheitsantrag gegen Anne Fromm

Anne Fromm hält mir in ihrem Artikel übrigens auch vor, insgesamt nicht kritikfähig zu sein. Das kann man so denken, aber ich bin wirklich nicht gegen Kritik, sie kann gerne auch hart sein – aber hört auf, mich für dumm zu verkaufen. Wenn ihr mich zu diesem sensiblen Thema interviewen wollt und nicht mal offen sagt, dass ihr auch für Übermedien arbeitet, geht das einfach gar nicht. Vielleicht hätte ich ja dann gar kein Interview mehr geben wollen. Verstehen Sie das, Frau Fromm? Ach nee, hatte ich sie ja schon gefragt, versteht sie nicht.

Anne Fromm sagte im Telefonat vor Veröffentlichung ihres Artikels, Kruse müsse mir seine Motivation für ein Interview nicht nennen. Ich hätte da also falsche Ansprüche. Das kann ja sein. Lügen muss man aber trotzdem nicht, erwidere ich. Dazu sagte sie dann nichts mehr. Diese Haltung von Anne Fromm bekommt jetzt, da sie mir nicht mal sagte, dass sie auch für Übermedien arbeitet und offensichtlich eine enge Vertraute von Kruse ist, eine ganz neue Dimension. Jetzt wird eben auch die taz mit reingezogen und die taz-Lesenden einigermaßen verarscht bis zu dem Grad, dass rechte Medien beschönigt werden müssen – IN DER TAZ!

Das alles schadet nicht nur Anne Fromm und der taz, sondern dem Journalismus im Allgemeinen. Wenn Journalist:innen bei mehreren Medien arbeiten und sich auch gerne mal gegenseitig Preise schenken, dann muss man zumindest so transparent sein, das alles offenzulegen. Man muss offen ansagen, an welchen Stellen man befangen ist, voreingenommen ist, parteiisch ist, nicht mehr neutral sein kann. Das ist ein hoher Standard in der Rechtsprechung, aber im Journalismus anscheinend leider noch nicht. Deshalb stelle ich an dieser Stelle einen Befangenheitsantrag gegen Anne Fromm.

Ich bin ab jetzt für ein Medien-Transparenzregister. Die meisten Medien arbeiten komplett frei und ohne Zwänge, aber manche eben auch nicht. Für die Legislative gibt es das ja bereits. Für Medien nicht. KATAPULT hat Geschäftskontakte zu Fritz-Kola und »Titanic«. Ich persönlich schreibe seit 2016 ausschließlich für KATAPULT. Man könnte dieses Register so ähnlich führen wie ein Impressum. Alle Einzelheiten findet ihr im neuen KATAPULT-Transparenzregister[14].

Ihr sollt und müsst mich, meinen Roman und KATAPULT auch immer gerne kritisieren, aber wenn Leute alle miteinander befreundet und verschwägert sind, nebenbei vorgeben, eine neutrale Kritik zu schreiben und zusätzlich Bild-Diekmann und den Querdenken-Nordkurier rehabilitieren, dann halt ich es einfach nicht mehr aus. Ich gebe mir seit ein paar Wochen auch Mühe, nicht mehr so viel zu schimpfen. Fickt euch! (Scherz!)

***

Anne Fromm hat mich anschließend bei Twitter geblockt. Von der taz gab es keine Reaktion. Ich habe kurz überlegt, ob wir auch hier das Eierbuch-Prinzip anwenden sollten und eine kleine Redaktion namens Überübermedien gründen. Denn es gibt in Deutschland drei artikelveröffentlichende Medienbeobachterinnen: Kress, Meedia und Übermedien. Diese drei beobachten und kritisieren also die Medienwelt, aber niemand beobachtet die Medienbeobachter. Auch schreiben die drei nicht so gerne übereinander. Fast wie im Lokaljournalismus haben sich viele Medien darauf geeinigt, sich gegenseitig nicht anzugreifen. Langweilig.

1 Kruse, Jürn: Benjamin Fredrichs Roman - »Katapult«-Gründer dichtet Kollegen fiese Geschichten an, auf: uebermedien.de (9.4.2021).

2 Fredrich, Benjamin: KATAPULT-Chef ist ein undankbares Arschloch!, auf: katapult-magazin.de (15.4.2021).

3 Niggemeier, Stefan: Die Geschichte einer »Skandalgeschichte«, auf: uebermedien.de (17.4.2021).

4 @der_rosenkranz via Twitter (9.4.2021, 15:22 Uhr).

5 Fromm, Anne: »Nordkurier« bekommt Konkurrenz - Der Gute, der Böse, das Drama, auf: taz.de (8.5.2021).

6 Kruse, Jürn: Neues Projekt von Stefan Niggemeier - Kritik für Kritische, auf: taz.de (13.1.2016).

7 Fromm, Anne: Gendern bei ARD und ZDF - Eine kleine Pause, die einige Leute aufregt, auf: uebermedien.de (4.12.2020).

8 Fromm, Anne: Gesprochener Genderstern bei ARD und ZDF - Kritiker versuchen, Rundfunkräte gegen Gender-»Knacklaut« zu mobilisieren, auf: uebermedien.de (15.9.2020).

9 Übermedien (Hg.): Holger ruft an (8) - Woher rührt der Protest gegen den gesprochenen Genderstern?, auf: uebermedien.de (4.12.2020).

10 taz (Hg.): So geht es weiter mit der taz - »Immer feige, immer angepasst«, auf: taz.de (18.12.2015).

11 Winterbauer, Stefan: #kackebenni gegen #lügenjürn – wenn sich Haltungs-Medien in die Haare kriegen, auf: meedia.de (19.4.2021).

12 Naedler, Thomas: Vergeudete Energie: Übermedien und Katapult im Clinch, auf naedler.eu (18.4.2021).

13 @PMadjarov via Twitter (16.4.2021, 23:48 Uhr).

14 KATAPULT (Hg.): KATAPULT-Transparenzregister, auf: katapult-magazin.de (16.5.2021).

JULI 2021

Editorial Heft N°22 – Tim Ehlers sucht seine Passwörter

In Greifswald gibt es jetzt eine neue Regionalzeitung. KATAPULT MV. Wir haben sie gerade erst gegründet und dafür ein eigenes Büro eingerichtet. Frau Hansen fragt mich, was es sonst noch Neues gibt. Ich sag: KATAPULT wird jetzt ein großer Multiladen. Wir gründen nicht nur die Regionalzeitung, wir kaufen auch 35.000-m²-Grundstücke, sanieren eine gesamte Schule, bauen ein Holzhaus und eine riesige Baumschule. Frau Hansen nickt und nimmt es hin. Währenddessen starrt Tim Ehlers verzweifelt auf den Monitor und sucht seine Passwörter.

Die erste Redaktionssitzung beginnt. Wir entscheiden, nicht nur über Politik und Wirtschaft zu schreiben, sondern auch über den ganzen anderen Klimbim: Liveberichterstattung über die hübschesten Karnickel und die merkwürdigsten Orte, aber auch über Kultur und Sport! Denn das war Layout-Andie sofort klar, »hier in MV, hier wird viel Sport gemacht!«

Im Ernst Leute, wie viel Spaß macht denn bitte schön eine Lokalzeitung?! Das wird riesengroß, wir werden die größte Lokalzeitung der Welt, meint Frau Hansen. Andie und ich, wir hören das und sagen gleichzeitig »Ja!«. In den nächsten Wochen kommen noch viele weitere Andies und Frau Hansens ins MV-Team und Tim Ehlers sucht immer noch seine Passwörter.

Was gibts sonst noch? Unsere Schule wird in einem Tempo saniert – so hab ich mir das immer vorgestellt! Im Oktober wollen wir schon einziehen. Dann haben wir zwei Million Euro weniger aufm Konto, aber dafür 2.000 m² Bürofläche, einen großen Sitzungsraum, eine Photovoltaikanlage, sauviel Platz für Café Karsten und eine Dachterrasse. Derzeit bauen wir auch Holzhäuser neben die Schule. Das Wichtigste aber werden die Hochsitze. Juli Katz hat sich nämlich überlegt, dass es viel schöner wäre, wenn die Einzelbüros nicht im großen Haupthaus sind, sondern auf Hochsitzen, wie man sie aus dem Wald kennt. Also los: Hochsitze bauen, Dämmung, Heizung, Tisch und Stuhl rein. Danach alle Hochsitze lose auf dem Grundstück verteilen – wie toll ist das denn?! Einen Hochsitz haben wir schon mal testweise gebaut und ausprobiert. Tim Ehlers war noch nicht drauf. Er sucht seine Passwörter.

Die KATAPULT-Journalismusschule

Wenn die Schule erst mal fertig ist, wollen wir da auch sofort n Festival organisieren und ne Greifswalder Buchmesse hinschmettern, aber wir müssen abwarten, wie es mit Corona weitergeht. In der Zwischenzeit hatte ich mich kurz mal über einen Journalisten aufgeregt, der von der Springerakademie ausgebildet wurde. Aber was reg ich mich eigentlich auf? Warum mache ich es nicht einfach besser, wenn ich Springer doch so scheiße finde?

Deshalb kommt jetzt das Wichtigste, Größte und Bedeutendste, das wir bisher gestartet haben! Achtung: Wir gründen eine eigene Journalismusschule. In Greifswald. Bidde was? Ja genau, ganz genau das Gleiche wie die beknackten Ausbildungsstätten von Springer, Burda und Madsack – nur eben ohne die ganze Boulevardgrütze. Greifswald wird die neue Antiboulevard-Journalismushochburg. Wer hätte das gedacht? Ihr nicht? Ich auch nicht. Aber jetzt eben doch. Denn wisst ihr, was mir mal aufgefallen ist? Es gibt noch gar keine Journalismusakademie in Greifswald. Aber wartet mal, es gibt ja nicht mal eine in Mecklenburg-Vorpommern. Echt nicht? Nee! Und das Nächste haut euch um, das glaubt ihr im Leben nicht: Es gibt auch keine in Brandenburg, keine in Thüringen, keine in Sachsen-Anhalt.

Der Deutsche Journalistenverband listet genau 23 Journalistenschulen in Deutschland auf. Schätzt mal, wie viele davon in den neuen Bundesländern stehen. Na? Ideen? Tja! Es ist nur eine einzige. Und zwar in Leipzig. Wirklich nur eine alleine. Hart. Die Leute fragen sich, warum der Osten medial manchmal abkratzt und dann kommt raus, dass 4,3 Prozent unserer Journalismusschulen aus den neuen Bundesländern kommen. Was ist das für ein Mist, weite Teile des Landes ohne Schule? Wahnsinn. Diese eine Schule aus Leipzig ist im Vergleich zu denen von RTL, Burda und Springer relativ klein. Deshalb kommt jetzt unsere neue Schule dazu. In Greifswald und mit der Option, ab und zu in einem Hochsitz zu arbeiten. Springer bildet 40 Leute pro Jahr aus, also ist unser Ziel klar: 41.

Wie siehts qualitativ aus? In der KATAPULT-Journalismusschule lernt man nicht, wie man tendenziöse Fragen stellt und seine Interviewten veräppelt, sondern wie man schreibt, Grafiken baut, Statistiken liest, wissenschaftliche Methoden auswertet – und auch, wie man Kausalität von Korrelation trennt – und vielleicht auch, wie man programmiert und sich seinen eigenen Hochsitz aus Holz baut. Unser bald saniertes Schulgebäude wird wohl nicht reichen für 41 Schüler:innen, deshalb planen wir direkt, ein weiteres Gebäude neben die Schule zu bauen. Dicker, länger, höher!

KATAPULT-Lokal für alle 16 Bundesländer

Was brauchen wir eigentlich für so eine Journalismusschule? Etwa sechs bis zehn Lehrer:innen und eine liebe Schuldirektorin. Was fehlt noch? Wissenschaftskooperationen. Ich frage hiermit offiziell an, ob die Uni Greifswald, die Fachhochschule Neubrandenburg und die FH Stralsund mit uns zusammenarbeiten wollen. Ich frage hiermit auch das Land MV hochoffiziell, ob es für so ein Projekt Unterstützung in Form von Moneten, also im Sinne von Penunsen, gibt. Sacht mal, gibts das? Ich fänds gut und würde auch Werbung für Meck-Vorb, also Mecklenpomm-Vorburger, machen!

Wozu brauchen wir die überhaupt, diese Journalismusschule? Nun – wenn KATAPULT MV erfolgreich bleibt, dann starten wir auch in den 15 übrigen Bundesländern eine Lokalausgabe. Aber dafür brauchen wir eben Journalist:innen, die mehr können, als sie normalerweise in Schulen lernen.

Brauchen wir die Journalismusschule nur für uns selbst? NEIN! Die Uni Zürich hat herausgefunden, dass Leute weniger wählen gehen, wenn Lokaljournalismus nicht vielfältig ist. Der Zusammenhang ist kausal. Das heißt, schwacher Lokaljournalismus gefährdet die Demokratie. Warum hat sich denn hier niemand um die neuen Bundesländer gekümmert? Das kann ja wohl nicht wahr sein. Also wenn ich als BRD die Gebiete der ehemaligen DDR dazubekommen hätte, dann hätte ich ja dort zuerst Journalismusschulen gebaut, um demokratische Strukturen zu stärken. Stattdessen lachen heute viele über das Wahlverhalten der Sachsen, Pommern und Brandenburger – vielleicht auch nicht nur über das Wahlverhalten. Was die aber nicht wissen, wir lachen bereits über uns selbst und bauen jetzt eigene Schulen – im Osten, besser und lustiger. Also freut euch mit uns und schmeißt wenigstens mal nen mittelgroßen Farbbeutel gegens Springerhochhaus! Ich möchte hiermit die »Neue Ostdeutsche Selbstherrlichkeit« ausrufen. Das ist als historische Epoche gemeint. In dieser Epoche werden in allererster Linie Journalismusschulen gebaut.

Frau Hansen will dieses KATAPULT MV jetzt sogar richtig groß aufziehen. Sie schlägt vor, auch über den polnischen Teil der Insel Usedom zu berichten oder direkt mit Journalistinnen aus Westpolen zu kooperieren. Unsere polnischen Nachbarn sind uns doch näher als manche Bundesländer. Was für eine schöne Idee: Lokal kann eben auch international heißen. Das ist genial, sagt Andie. Ich nicke, so stark ich kann, und Tim Ehlers hat nicht zugehört. Er sucht seine Passwörter.

Diese Lokalzeitung wird übrigens nicht nur Bierkarten, Pommernwitze und Karnickelstorys veröffentlichen, sondern auch neuartige Recherchen durchziehen: Crowdsourcing, Geotagging und Massendatenauswertung. Das alles haben wir bereits festgelegt und damit begonnen – Frau Hansen, Andie und ich. Tim Ehlers noch nicht, und ich muss nicht sagen, warum nicht.

Wie viele Ankündigungen hat dieser bescheuerte Text eigentlich?
- KATAPULT MV ist neu, steil und genial.
- Wir gründen eine Journalismusschule!
- Tim Ehlers findet seine Passwörter nicht.

Eine Sache fehlt aber noch: Wir gründen »KATAPULT Kultur«. Haben wir (in Form von Julius Gabele) die letzten Monate schon vorbereitet. Literatur, Sport, Musik – die ganze Kultur als eigenes Statistikmagazin. Warum das denn jetzt noch? Wir halten es ohne nicht aus. Erst mal online und später auch gedruckt kommt das raus. Chefredakteur für »KATAPULT Kultur – Magazin für sogenannte Sachen« wird Julius Gabele sein, denn er ist mit Abstand der Beste auf dem Gebiet »Sachen«. Vielleicht wird es auch »Magazin für Kulturbums« heißen. Auf jeden Fall sagt Gabele, »der Content passt perfekt für die Insta-Bubble. Das ist alles relatable.« Seine Stärke: Er weiß ganz genau, welche Wörter gerade vom Partyvolk genutzt werden und welche nicht. Ich glaub, cringe und Boomer gehen gut, aber weird und scary sind schon lange wieder out – voll tüffig, der Gabele.

Es gibt sogar einen KATAPULT-Podcast in diesem KATAPULT Kultur. Der kommt von mir, weil ich eine schlechte Idee hatte: Wir essen die schärfsten Soßen der Welt und interviewen Leute, die ein Buch geschrieben haben, damit die mal aus sich rauskommen und ordentlich leiden. Einen leidenden Eckart von Hirschhausen, das wär doch ansehnlich! Den Piloten hab ich mit Passwort-Ehlers gedreht. Es ist direkt schiefgelaufen, also erfolgreich gewesen. Zu allem Überfluss haben das sechs Kameras gefilmt. Wir mussten abbrechen. Ich konnte nicht mehr, mein Hals ist mir weggefetzt und Ehlers hat sich gefreut. Dafür hat er dann aber den Folgetag komplett aufm Klo gewohnt und ich nicht. Freude. Sehr viel Freude!

Womit niemand rechnet: Ehlers packt aus

Wir sitzen seit einer Woche in unserem neuen Lokalbüro und eine Person sucht seit einer Woche ihre Passwörter. Immer noch. Meiner Meinung nach ist Tim Ehlers komplett aus den Fugen, aber immer wenn man das denkt, wenn man das Gefühl hat, er ist so richtig von der Rolle – dann kommen seine größten Momente, dann packt Ehlers aus, dann kommt Unerwartbares, dann sind alle baff, weil er eben ne richtige Ansage macht, einfach so, ohne Ankündigung, ganz aus dem Kalten eben.

»Verdammte Scheiße«, flüstert Tim Ehlers, »warum schreiben wir nicht einfach mal, dass Neubrandenburg die hässlichste Stadt der Welt ist?« Dann klicken alle rauf und wenn sie danach auf unserer Seite sind, zerstören wir alle Klischees des Ostens! Wir zeigen Neubrandenburg in seiner vollsten Schönheit, meint er. Gute Idee. Gesagt, gemacht. Was passiert dann? Wir merken, dass das keine gute Idee, sondern eine mörder Idee ist. Der Artikel explodiert komplett. Unser Server ist am Limit. Unfassbar viele Leute schicken uns Hunderte weitere schicke Neubrandenburg-Bilder. Sie schreiben uns kleine Texte, voller Stolz auf ihre Stadt. Und: Die hören einfach nicht mehr auf. Jeden Tag kommen weitere Bilder. Wie schön ist das denn, die hören echt nicht mehr auf?!

MV wird von außen oft belächelt, als abgehängt und zurückgeblieben angesehen, aber wenn man die Menschen hier richtig rum anspricht, entstehen die emotionalsten Situationen mit den schönsten Bildern. Wir sind angekommen. Das ist sie – DIE neue Ostdeutsche Selbstherrlichkeit, von der immer alle reden. Danke, Tim.

***

Kein anderer Text hatte wohl so viele Auswirkungen wie dieser. Was ist passiert? Also erstens mal werde ich immer wieder gefragt, ob Ehlers nun seine Passwörter unter Kontrolle hat. Wenn ich das nicht gefragt werde, bekomme ich einen Hinweis. Und zwar auf den Keypass-Manager. Den solle sich Tim unbedingt mal holen. Ihr wisst ja, wie er ist. So einen Manager, den will er sicher nicht, das ist einfach nicht sein Stil. Noch viel wichtiger ist aber, wir haben direkt im Anschluss an diesen Text 200 Bewerbungen für die Journalismusschule erhalten. Wahnsinn! Die drei Hochschulen in MV haben sofort ihre Hände gereicht und wollen mitmachen, und dann sind noch mal 40 Leute dazugekommen, die sich als Dozierende beworben haben. Das Interesse scheint riesig zu sein. Wir brauchen das hier in unserer Region, also ziehen wir das auch durch!

23. JULI 2021

Neonazi-Anwalt will KATAPULT MV abmahnen

AfD-Mitglieder und andere Rechtsextreme sind mit der Berichterstattung von KATAPULT MV unzufrieden und wollen uns juristisch angreifen. Das Interessante: Der Anwalt der AfD wurde durch eine Ku-Klux-Klan-Zeremonie bekannt und beschäftigt einen Neonazisänger. Muss KATAPULT jetzt über 2.200 Euro an Rechtsextreme zahlen?

Zwei Wochen hatte ich für den AfD-Artikel »76 Prozent rechtsextrem«[1] recherchiert. Noch ein letztes Mal gegenlesen. Dann gehts los. Es ist 12:13 Uhr. Wir veröffentlichen. Der Artikel wird außergewöhnlich oft geteilt, kommentiert und gelikt. Unser Server kämpft, alle Lesenden mit Daten zu versorgen. Viele Leute schließen ein neues Abo bei uns ab.

Nach nur zwei Stunden (14:27 Uhr) kommt eine Mail rein. Frau Hansen sagt, »hier, Benni, die erste Abmahnung ist da«. Absender ist Patrick Uli Bass. Er ist Assessor der Anwaltskanzlei von Dr. Matthias Brauer.[2] Was wird abgemahnt? Die Kanzlei meldet sich als Vertreterin der rechtsextremen Burschenschaft Rugia. Es sei falsch, dass der AfD-Landtagsabgeordnete Stephan Reuken Mitglied der Rugia sei. Wir werden zur Abgabe einer Unterlassungserklärung mit einer Vertrtragsstrafe von 10.000 Euro aufgefordert. Wir sollen Rechtsanwaltskosten für die Abmahnung in Höhe von 1.119,79 Euro zahlen.

»Heil der Weißen Macht!«

Okay, das mag ja stimmen, aber zunächst möchte ich gerne wissen, wer Patrick Uli Bass ist. Google angemacht. Ergebnis gefunden. Patrick Uli Bass ist Sänger der Band »Komplott«. Eine Neonaziband. Bass nahm an Neonaziaufmärschen teil, ist verbunden mit der Identitären Bewegung und postet faschistische und nationalsozialistische Inhalte, wie beispielsweise den »Kalender des Rassenpolitischen Amtes der NSDAP« von 1938.

Ob der Anwalt weiß, wen er da als Assessor hat? Wahrscheinlich schon. Anwalt Dr. Matthias Brauer ist selbst ganz rechts außen. Die Stuttgarter Nachrichten schreiben, Brauer wurde 2007 aus der Bonner Burschenschaft Marchia ausgeschlossen. Warum? Weil er im Garten »ein selbst zusammengezimmertes Holzkreuz abbrannte. Dabei rief er ganz im Stil des rassistischen Ku-Klux-Klans ›Hail White Power!‹ – ›Heil der Weißen Macht!‹«.[3] Die Frankfurter Rundschau berichtete Ähnliches.[4] Nach seinem Rauswurf aus der Marchia trat Brauer der rechtsextremen Burschenschaft »Raczeks« bei.

Brauer soll mehrfach durch rassistische Äußerungen aufgefallen sein.[5] Er setze sich zudem für den »Abstammungsnachweis« in Burschenschaften ein, nach dem Deutsche nur Deutsche sind, wenn sie mehrere Generationen deutscher Vorfahren nachweisen können.[6] Brauers Internetadresse lautet übrigens »darknet-anwalt.de«. Brauer hat Neonazis vertreten und ist mit der rechtspopulistischen FPÖ aus Österreich verbandelt.[7]

Bis jetzt ist das vielleicht alles keine Überraschung: Die rechtsextreme Burschenschaft Rugia beauftragt ihren Neonazi-Anwalt, Dr. Matthias Brauer, welcher seinen Neonazi-Assessor beauftragt, uns eine Abmahnung zu schicken. Dann allerdings passiert etwas Skurriles.

Wir bekommen eine zweite Abmahnung. Diesmal vom Landtagsabgeordneten Stephan Reuken (AfD). Er lässt seinen Anwalt schreiben, es sei falsch, dass Eike Liefke seine Frau sei. Er habe auch keine vielfältigen Verbindungen ins rechtsextreme Lager. Wahrscheinlich war Liefke lediglich seine Freundin[8], aber wer ist denn überhaupt der Anwalt von Stephan Reuken? Wer schickt uns die zweite Abmahnung? Das ist ganz interessant. Absender der Mail ist wieder Patrick Uli Bass, das Schreiben ist wieder von Anwalt Dr. Matthias Brauer.

Was für eine Ironie: Der AfD-Landtagsabgeordnete Stephan Reuken möchte uns über seinen Neonazi-Anwalt und Neonazi-Assessor erklären, dass er keine Verbindungen ins rechtsextreme Lager habe.

Wir haben diese Übersicht jetzt aktualisiert.

Brauer ist übrigens auch in der Anwaltskanzlei des AfD-Bundestagsabgeordneten Enrico Komning tätig, was die These unseres Artikels noch mal verstärkt, dass die Verbindungen der AfD MV ins rechtsextreme Lager vielfältig sind.

Ist die AfD in MV rechtsextrem?

dargestellt sind alle derzeitigen und ehemaligen Landtags- und Bundestagsabgeordneten der AfD MV

MdL	1. Holger Arppe*	Mordfantasien gegen Politiker, verurteilt wegen Volksverhetzung
MdL	2. Sandro Hersel	Zustimmung zu Mordfantasien, pro Flüchtlingsheim-Brandstiftung
MdL	3. T. d. Jesus Fernandes	für Ermordung von rot-grünen Politiker:innen
MdL	4. Christel Weißig*	will Plünderer erschießen
MdL	5: Ralf Borschke*	leugnet Holocaust
MdL	6. Dirk Lerche	nutzt Hitlerjugend-Gruß: „liebe Freunde von der SD-HJ, äh, AJ“
MdL	7. Horst Förster	Anbiederung an die Reichsbürgerszene
MdL	8. Nikolaus Kramer	SS-Verherrlichung, pro SA-Führer Ernst Röhm
MdB	9. Enrico Komning	will Parlamente abschaffen, Mitgl. rechtsextremer Burschenschaft
MdL	10. Stephan Reuken	Kontakte zu Neonazi-Anwalt, der Neonazisänger beschäftigt
MdL	11. Gunter Jess	unterstützt NPD-Antrag gegen Kirchenasyl
Ex-MdL	12. Matthias Manthei*	unterstützt NPD-Anträge
MdL	13. Jens-Holger Schneider	Teilnahme an NPD-Demo
MdL	14. Bert Obereiner	Teilnahme an NPD-Demo
MdL	15. Ralph Weber	für „Ariernachweis“, Doktorvater von Mitglied einer Neonaziband
MdB	16. Leif-Erik Holm	sagt, er stimme mit Ansichten von Björn Höcke überein
Ex-MdL	17. Bernhard Wildt*	kritisiert mangelnde Distanz zu Gewalt und Rechtsextremismus
MdB	18. Ulrike Schielke-Ziesing	Sprecherin der Alternativen Mitte
MdL	19. Jörg Krüger	unauffällig
MdL	20. Jürgen Strohschein	unauffällig
MdL	21. Christoph Grimm	unauffällig

*heute nicht mehr in der AfD

Mordfantasien · NS-Verherrlichung · pro NPD · pro Höcke · gemäßigt

KMV

STIMMT

Holger Arppe droht uns

Wer meldet sich noch? Holger Arppe. Er schreibt eine Mail. Sie liest sich wie eine Abmahnung. Er droht uns juristische Schritte an, wenn wir den Artikel nicht ändern und möchte merkwürdigerweise, dass wir die Beschuldigungen (Mord- und Pädophiliefantasien) in den Konjunktiv setzen. Unser Artikel würde ihn vorverurteilen, schreibt Arppe. Die Wahrheit ist: Arppe ist bereits wegen Volksverhetzung vom Amtsgericht Rostock verurteilt worden.[9] Die 7.000 Seiten interne AfD-Chats liegen uns vor. Die Quelle ist KATAPULT MV bekannt und vertrauenswürdig.

Es bleibt aber nicht bei den drei Abmahnungen. KATAPULT bekommt seit dem AfD-Artikel Drohbriefe. Was ist in den Briefen enthalten? Selbstgemalte Hakenkreuze, klare Mordfantasien und manchmal auch graues Pulver. Die Gefahrenlage hat sich seit diesem Artikel für die KATAPULT-Redaktion verändert. Die rechtsextreme Szene ist gewaltbereit. Das macht sie aus.

Der Effekt, den Arppe, Reuken, die Rugia und die Verfasser der Drohschreiben auslösen, ist klar: Journalist:innen einschüchtern und finanziellen Schaden zufügen. Es geht bei Reuken und der Rugia kaum darum, ob die AfD MV nun zu 76 Prozent rechtsextrem ist oder nicht. Stattdessen sucht sich ihr Anwalt Banalitäten, die den Artikel im Kern nicht ändern.

So sieht beispielsweise ein Drohbrief aus der rechtsextremen Szene aus. Die Absenderadresse ist höchstwahrscheinlich gefälscht.

Wir übergeben solche Briefe grundsätzlich der Polizei.

Was entscheidend ist: Ihr

Wir zahlen die beiden anwaltlichen Abmahnungen. Das sind 2.239,58 Euro. Die Hälfte für die Rugia-Abmahnung, dass Reuken kein Mitglied in der Rugia sei, und die andere Hälfte an Reuken, dafür, dass Eike Liefke nicht seine Frau gewesen ist.

Für einzelne Journalist:innen ist so eine Situation existenzbedrohend. Für KATAPULT nicht. Wir machen weiter – immer weiter. Warum können wir das? Weil ihr uns abonniert und uns Geld gebt.

Am Ende ist die Sache genau so einfach. Solche Artikel zu schreiben, geht nur, wenn genug Geld da ist. Es lohnt sich, Zeit, Geld und Nerven dafür zu investieren. **Rechtsextremismus muss aufgeklärt und als solcher benannt werden. Vor allem von Journalist:innen. Das ist unser Job.**

Deshalb machen wir jetzt erst recht weiter. KATAPULT MV wird diese Recherche auch für die AfD Thüringen und die AfD Berlin durchziehen. Das große KATAPULT-Magazin wird sich der AfD-Bundespartei annehmen. Wie auch im ersten Artikel werden wir ergebnisoffen mit klaren Definitionen und einer fairen Einordnung aller Politiker:innen arbeiten. Rechtsextremismus muss aufgeklärt werden – erst recht, wenn er in unseren Parlamenten stattfindet.

***

Bei einer Lesung in Greifswald hat mich ein Zuschauer gefragt, was ich mir denke, was nach meinem Tod von mir übrig bleibt. Ich mochte die Frage nicht und antwortete: Da mach ich mir keine Gedanken drüber. Die Fragerunde ging noch etwas weiter. Fünf Fragen später sagte ich, dass ich meine Antwort auf die Frage von vorhin noch mal ändern will. Die neue Antwort: Wir haben bei KATAPULT viele Witzkarten, Studien und differenzierte Texte veröffentlicht. Manche mehr, manche weniger vergänglich. Eine Textsorte aber wird ihre Wichtigkeit so schnell nicht verlieren. Was nach meinem Tod übrig bleiben wird, ist die Dokumentation des Rechtsextremismus. Diese Texte über NPD und AfD, unsere

ständige Aufarbeitung der Verstrickung von Politiker:innen in die gewaltbereite Neonaziszene – das wird, das muss bleiben.

Nachdem wir diesen Artikel veröffentlicht hatten, sind uns noch mehr Hinweise zugespielt worden. Wir bemerkten, wir haben nicht bloß zwei Neonazianwälte enttarnt, das Netz der Rechtsextremen in dieser Kanzlei ist noch viel größer. Eine solche Aufdeckung ist wichtig. Die Leute müssen wissen, mit wem sie es zu tun haben, sie müssen wissen, wer Gewalt befürwortet und die Demokratie abschaffen will.

---

1 Fredrich, Benjamin: AfD in MV - 76 Prozent rechtsextrem, auf: katapult-mv.de (24.6.2021).

2 Rechtsanwalt Dr. Matthias Brauer LL.M.: Über mich, auf: darknet-anwalt.de.

3 Feyder, Franz: Alternative für Deutschland - Die Bekanntschaften der Christina Baum, auf: stuttgarter-nachrichten.de (6.7.2017).

4 Helbig, Felix: Burschenschaft - Offiziell rechtsextrem, auf: fr.de (1.6.2012).

5 Feyder 2017.

6 Ebd.

7 Hunger, Anne: Kläger gegen Kontext, auf: kontextwochenzeitung.de (31.5.2017).

8 Antifa.Kollektiv Greifswald (Hg.): DIE IDENTITÄRE BEWEGUNG, auf: akgreifswald.blogsport.eu (29.1.2018); Gastbeitrag der Initiative »Résistance – Keine Identitären-Zentrale in Rostock«, auf: kickthemout.noblogs.org (14.4.2018).

9 Speit, Andreas: Rücktritt nach taz/NDR-Enthüllungen - Protokolle eines AfD-Politikers, auf: taz.de (31.8.2017).

OKTOBER 2021

Editorial Heft N°23 – 500 Blumentöpfe

Mail kommt rein. Frau Flachsland ist sauer. Warum? Wir stecken denen, die ein neues Abo abschließen, immer noch tausend Geschenke in die Tüte – aber die alten, treuen, echten KATAPULT-Fans bekommen gar nichts. Unfassbar sei das, meint die Flachsland! Das ginge gar nicht, oder so. Ich muss dazu an dieser Stelle ganz ungeschönt und frei heraus, ohne lange zu fackeln und allzu viele Worte zu verlieren, ohne Umwege und auch, wenn ich mich wohl unbeliebt mache, weil das einige sicher nicht gut finden und von der Direktheit angenervt sein werden, weil es ja nun wirklich ohne Ankündigung einfach so gesagt wird und ich ja sowieso immer sehr schnell, also eigentlich viel zu schnell (im Sinne von überrumpelnd) zum Punkt komme, sagen: Nein, Frau Flachsland, Sie haben recht.

Neue Abos sind großartig, aber wirklich wichtig, das seid ihr, unsere langjährigen Abonnent:innen. Ihr habt KATAPULT groß gemacht. Ohne euch wären wir Scheiße im Schaufenster. Ihr schickt uns zwei Millionen Euro und 20.000 zuckersüße Mails pro Jahr. Wir geben mit euch an und zeigen unsere Abokurve überall ganz stolz rum. Das ist alles nicht selbstverständlich, das wissen wir! Und deshalb wollen wir euch jetzt auch mal zeigen, wie sehr wir euch schätzen.

KATAPULT ist und bleibt konsequent transparent. Deshalb erklär ich euch gerne, wie es intern bei uns aussieht: Warum konnten wir den neuen Abonnent:innen immer viele Geschenke machen und euch nicht? Weil eine Aboaktion viel Geld auf unser Konto spült. Bei einer guten Aktion sind das über 300.000 Euro in einer Woche. Mit diesem neuen Geld haben wir die Geschenke finanziert. Wenn wir jetzt kostenlos was raushauen, ohne dass neue Abos bestellt werden, haben wir keine Einnahmen und können das alles nicht bezahlen. Das ist das Problem.

Was also machen? KATAPULT ist gemeinnützig. Wir wollen keine Gewinne erwirtschaften. Das ist unser und euer Vorteil. Wir geben euch deshalb gerne so viele Klamotten raus wie möglich. Wenn wir am Ende bei null landen, ist das vollkommen in Ordnung. Wir müssen mindestens den Wareneinkauf und den Versand finanzieren. Wir machen euch an dieser Stelle aber kein Angebot. Das wäre zu lahm. Ihr macht uns eins!

Schreibt uns, welche Geschenke ihr gerne haben wollt und was ihr bereit seid, dafür zu geben. Macht uns dreiste Vorschläge, aber denkt auch daran, dass wir nicht pleitegehen sollten. Ihr könnt uns natürlich einfach Geld bieten, aber gerne auch andere Dinge. Ihr wollt alle KATAPULT-Quartette oder Poster haben und im Gegenzug ein Fahrrad abgeben? Okay! Frau Flachsland, Sie wollen 15 Flaggenbücher für einen selbstgebauten Grill bieten? Okay! Ihr wollt ganz dringend euer Grundstück loswerden, auf dem wir einen Wald pflanzen sollen? Her damit! Wir geben euch ein lebenslanges Abo oder das Buch »Wie man illegal einen Wald pflanzt«, oder, oder, oder.

Ihr wollt einfach nur n Geschenk von uns? Vielleicht nen Pakutzenpallover? Sagt es uns! Schickt eure Wünsche, Ideen und Angebote an: tausch@katapult-magazin.de. Wir veröffentlichen in ein paar Wochen die schönsten Ideen und skurrilsten Tauschofferten und machen dann einige davon auch für alle anderen bestellbar.

Wie gehts eigentlich unserer Baumschule? Nun ja, das gesamte KATAPULT-Team war im letzten Herbst mehrere Tage im Wald und hat etwa 3.000 Baumfrüchte gesammelt. Eicheln, Bucheckern, Birken- und Ahornsamen – alles Mögliche. Wir haben die Dinger dann zum Überwintern in Kühlschränke gepackt, im Frühling sortiert und in 500 Blumentöpfe gedrückt. Wisst ihr, wie viele von den 500 liebevoll ausgewählten, handverlesenen Premiumsamen gekeimt sind? Genau fünf Stück. FÜNF! Echt nur fünf? Ja Mann, was für ein Reinfall. KATAPULT hat zu 99 Prozent versagt.

Jetzt kommts aber: Beim Aussortieren haben wir alle schlechten Samen aus Versehen auf unserem neuen Grundstück liegen lassen. Ich will ja nicht angeben, aber durch unsere geniale Trotteligkeit sind an dieser Stelle mehrere Hundert kleine Bäume entstanden. Die Natur ey, hält sich an nichts und macht, was sie will. Mein neues Vorbild! Wir haben bereits ein Grundstück für die Baumschule gekauft, eingezäunt, gemäht und die Punkbäumchen umgesetzt. Jetzt wächst dort der erste KATAPULT-Wald Richtung Himmel! Im nächsten Jahr wird er noch viel größer!

Bei uns in der Redaktion ist übrigens ein großer Streit losgebrochen. Es geht darum, ob in meinem neuen »Buch Fredrich rastet aus« auch sehr negative, rufschädigende Geschichten über mich veröffentlicht werden sollen oder nicht. Juli Katz ist dafür. Unser Verleger Sebastian Wolter hingegen will mich (also eigentlich vielleicht eher sich) schützen. Er und ein paar andere sind dagegen, weil mein Ruf (also ihrer) leiden könnte. Find ich aber unfair euch gegenüber. Hab ich vor der KATAPULT-Gründung wirklich illegale Geschäfte gemacht? Hab ich als Jugendlicher Strandsand im Internet verkauft und die Trickseite www.vollebeutel.de betrieben? Ist vielleicht sogar KATAPULT erst durch einen Rechtsbruch entstanden? Am Ende hab ich die skurrilsten Geschäfte, aber auch alle verjährten und nicht verjährten Straftaten aufgeschrieben.

***

Okay, die Idee war ja ganz gut, aber was dann daraus geworden ist – genial! Wir haben hier bereits einen ganzen Raum mit eurem edlen Krempel vollgestellt. Manches brauchten wir echt, manches müssen wir noch brauchbar machen. Zum Beispiel haben wir von euch einen Saunaofen bekommen, aber wir haben ja noch gar keine Sauna. Deshalb müssen wir jetzt eine bauen. Was kam noch alles an? Inlineskates, sehr viel Alkohol in verschiedenen Varianten, selbstgestrickte Mützen, Socken und Unterwäsche (Peniswärmer), selbstgemalte Bilder, Theaterworkshops, selbstgebackene Kekse, Anzeigenplätze auf einem Reisebus, Backsteine, ein Obstbaumschnitt, selbstent-

wickeltes Brettspiel, Motorradhelm, ein Kängurukostüm, viel Honig, Kaffee, 50 Origamifiguren, fünf Ableger verschiedener Pflanzen, Aroniabeerensträucher, Rezept für den besten Kartoffelsalat der Welt, Fotos der eigenen Katze. Eine Person wollte uns sogar eine Dreizimmerwohnung schenken. Das haben wir tatsächlich abgelehnt, weil es zu viel ist. Das sprengt die Verhältnismäßigkeit.

Vieles von dem, was wir hier tauschen, ist auf den ersten Blick irrational, aber eben nur auf den ersten Blick! Auf den zweiten, dritten und vierten sieht die Sache dann schon anders aus. Warum? Wir bauen mit den geschenkten Backsteinen eine Sauna, kaufen ein Motorrad für den geschenkten Motorradhelm, werden die einzigen Aroniabeerenzüchter Mecklenburg-Vorpommerns und ja, wir bauen irgendwann das, was in Vorpommern noch fehlt, was alle wollen, was dem Ganzen hier erst so richtig Würde gibt, was nie wieder aus dem Kopf geht – eine KATAPULT-Eishalle für Greifswald!

An diesem Buch haben mitgewirkt: Philipp Bauer, Tim Ehlers, Kristin Gora, Vivien Koschig, Andrea Köster, Felix Lange, Iris Ott und Sebastian Wolter.